哲學實踐與生命顯揚

尤煌傑 —主編

尤淑如、呂健吉、何佳瑞、周明泉、陳振崑、黃鼎元
黎建球、潘小慧、劉秋固、鍾隆琛、蘇嫈雰(依姓氏筆劃順序) —編著

五南圖書出版公司 印行

導言

尤煌傑

輔仁大學哲學系榮休教授

　　很高興，也很榮幸擔當《哲學實踐與生命顯揚》這部專書的主編，並且在眾多師友的努力、共同參與下貢獻各自學思成果，使得「哲學實踐」與「生命顯揚」這兩個思想主軸匯聚成為共同的論述焦點。這些集眾人之思想結晶的匯總，有賴於五南出版公司鼎力配合出版發行業務，並且獲得黃惠娟副總編輯的鼎力協助，使得本書得以成為一部正式出版的學術論著。

　　本書首篇由黎建球教授以其個人學思歷程展開序曲，接下來分成三個主題部分：哲學實踐、黎建球教授之人生哲學、生命教育與生命哲學。

　　本書各篇專文之格式，一概以《哲學與文化月刊》之論文格式作為行文依據。本書各篇專文完成後，邀請學界專家逐篇檢視內容與格式後，方才付梓，其審慎態度不亞於一般學刊之編審歷程，此一程序可資向所有讀者擔保各篇專文其學術價值與規格的一致性。

　　以下簡要介紹本書各篇專文要旨：

　　黎建球（輔仁大學哲學系講座教授）：〈哲學實踐與生命顯揚──我的學思歷程〉。黎教授以其八十年歲月所經歷的人生各階段為經，以各階段人生所遭遇的挑戰與承擔為緯，譜出其精彩人生的畫面。在哲學人學中，我們經常會看到這樣的論述：「我首先是作為一個『人』，然後才成為『○○』專業人」。同樣的我們也在本文中看到黎教授提到類似的說法：「我一直以為我的身分首先是天主教徒然後才是其他的身分，因此我總是以天主教徒的身分來面對我的工作……」黎教授的做人是以「天主教

徒」為其安身立命的核心，根據天主教徒的德行去待人接物，以及從事教育與社會服務等工作。作為天主教徒是黎教授從自身的生命體會中做出的選擇，這個選擇成為黎教授終其一生的價值指引。有這等宏願，所以助其成就人生的價值。

潘小慧（輔仁大學哲學系教授）：〈兒童哲學實踐與生命顯揚〉。潘教授研究與推廣兒童哲學多年，「兒童哲學」從學術分支的源流來看，來自西方當代哲學思潮，它來到屬於東方文化主流下的臺灣可以嗎？在一場老師帶領學生推動的兒童哲學營，一位九歲的小學生回答了這個問題：「哲學就是──有些話，你覺得很有道理；然後過了一百年之後，還是覺得很有道理。」這句話當場震驚了所有成年人，它說明了全世界的兒童都可以做哲學思考。什麼是哲學思考？簡言之就是對任何事情的存在狀態去提問，尋找一個普遍的意義。在這篇論文裡，主張破除成人與兒童兩截對立的觀念，「兒童／童年不但是生命的顯揚，也是成人回歸的原鄉」。透過以兒童之童心的純粹心靈去面對萬象世界，讓我們的心靈更澄澈。

呂健吉（臺灣哲學諮商學會理事長）：〈臺灣哲學諮商發展與黎建球教授哲學實踐〉。本文從哲學諮商在臺灣發展和黎建球教授哲學實踐兩方面做為主要論述。二十餘年前黎教授在輔仁大學哲學系首開先例，推動哲學諮商的課程，並且影響其他校院相繼開設類似課程，學院外的社會推廣活動也蓬勃發展。在二十餘年的耕耘下，影響各校研究所產出四十餘篇博、碩士論文。「哲學諮商」的專業訓練，成為吸引許多非哲學背景的學子投考哲學研究所的誘因之一。黎建球教授在推廣哲學諮商的策略並非一味移植西方理論，而是融貫中國哲學與西方哲學的精神，更創建哲學諮商的CISA法。CISA的C是覺察（Consciousness）、I是指洞見（Insight）S是指靈動（Spiritual Moving）A則指超升（Ascend）。讀者閱讀本文可以快速理解哲學諮商理論如何在臺灣學術界成長茁壯的重要里程。

尤淑如（陸軍軍官學校通識教育中心副教授）：〈論理情行為治療作為一種哲學諮商的可能性〉。本文的出發點源自部分心理諮商界認為，

「哲學諮商就是某種類似於『認知治療』（Cognitive Therapy）或『理情行為治療』（Rational Emotive Behavior Therapy, REBT）的療法。」但是作者認為並非如此；相反地，Ellis的理情行為治療法有可能是一種哲學諮商。作者提出：「REBT與哲學諮商高度相似，是否可大膽地假定，REBT也是一種廣義的哲學諮商？」此問題成為本文所要致力證成的動機。心理諮商的基礎不在於技術面的控制，最終仍需要運用有效的哲學理論來詮釋其效用。哲學諮商與心理諮商不必涇渭分明，如能相互為用，才是解憂之良方。

　　何佳瑞（輔仁大學品牌與時尚經營管理碩士學位學程、全人教育中心副教授）：〈黎建球人生哲學思想中的儒家生命哲學〉。根據作者的詮釋：「黎建球自身的生命實踐存在著兩個重要特徵，一是天主徒的生命，一是儒者的生命。」本文的出發點在於「嘗試勾勒出黎建球將儒家生命哲學融入其人生哲學的過程中，所展現出一些儒家思想與天主教思想彼此會通、融合的一些觀點」。歷史上曾有許多儒學與基督信仰不相容的衝突理論，但是當我們從倫理思想回溯到超越性思想，就會發現可以融合的觀念多於不相容的觀念。作者根據黎教授的思想理論，證明中西主流思想相容的可能性，讓人性更加光明。

　　周明泉（輔仁大學哲學系副教授）：〈多元與共融：祝賀天主理念的踐行者黎建球八秩華誕〉。作者認為黎教授從「實踐哲學」（practical philosophy）轉向「哲學實踐」（philosophical practice），是從人性行為的價值體系的詮釋，導向落實以哲學去愛人與助人的行動哲學。本文指出黎教授主張的哲學諮商的三項基本原則，即：沒有病人的觀念、價值引領及互為主體性的關係。而這三項助人原則，體現基督徒共融的天主理念，形成人類彼此團結關懷與相互照顧的合一新模式。本文也指出黎教授建構輔仁學派作為士林哲學與中華文化的融通模式，使儒家思想與基督教文化達到共融發展的目的，以建立未來具有整體性的世界文化。

　　蘇嫈雰（輔仁大學人文社會服務進修學士學位學程副教授）：〈黎建

球教授的智慧陶養與生命實踐〉。本文以黎教授的人生哲學的思想發展為軸心開展黎教授的思想內涵。本文首先指出黎教授在中西哲學上的涵養，繼而指出黎教授在哲學諮商的重要論點，從價值引領到創新詮釋。接著，以黎教授的生涯發展引為智慧的人格典範，提出「明明德：不僅僅只做個好人」、「親民：還要懂得好好生活」、「止於至善：知行合一達到極好」。作者感念黎教授作為指引人生明燈的典範，值得效法。

鍾隆琛（慈濟大學通識教育中心助理教授）：〈痛苦與生命教育——一個哲學進路的探索〉。本文關注「生命中的痛苦」的正面價值。人生當中不如意事十之八九，如何轉化生命中遭遇的苦難，成為正向人生價值，是一個值得關注的問題。美好的人生並不等於如同蜜糖一般的舒適生活，必然要面對許多生命中將會遭遇的苦難和痛苦。作者認為「『直接面對痛苦』，才可以豐富人之所以為人的能力，從而深入到生命本身的核心」。作者指出「生命不同向度的痛苦」包括著「身體痛苦」與「心理痛苦」。因此之故，他提出生命教育應將痛苦納入課程議題當中。提出兩個思考線索：1.在理論面加入痛苦，重提引領生命教育的核心問題；2.在實踐面加入痛苦，重訂生命教育課程規劃的策略。本文予人的啟發是：正視痛苦的存在，好好處理，才能不被痛苦擊潰人生的美好。

劉秋固（大葉大學通識中心兼任教授）：〈千利休的生命哲學——個體化的心路歷程〉。作者指出千利休是日本戰國時代安土桃山時代著名的茶道宗師，日本人尊稱為「茶聖」。他在十九歲時與一名高麗女人的邂逅與殉情的故事，卻影響千利休此後五十年的人生歲月，對所有侘寂茶器具的創作，也都因這刻骨銘心的愛情而起。作者引用榮格的理論，提出了「個體化」（individuation）的概念，並將它應用於「個體」人格的「轉化」與「發展」。他認為「個體化」是為了讓「個體」的「自我意識」（consciousness of ego）獲得更寬廣的發展。而這種發展即是朝向「自性」（Self），讓人格獲得更完整的發展過程。榮格「個體化歷程」即是將原本「二元的心靈」整合為一「動態平衡」的整體歷程。對外的部分可

以與生活做連結，對內而言，「意識與無意識」保持著平衡的關係。本文點出了透過藝術化的生命活動開啓了生命的新境界。

陳振崑（中國文化大學哲學系教授）：〈天人合一：從人性生成論宇宙大生命的力動性〉。本文作者首先在「摘要」中對於本論文之命題緣起說明來自受到黎建球教授的「天主之力動性」觀念的啓發，進而運用在中國哲學的理論整理上。作者認為士林哲學論及「天主之力動性」的觀念，或德國哲學家黑格爾精神現象學之論宇宙或歷史是「精神」的辯證發展；懷德海之論「歷程哲學」皆有其理論上的相關性；中國傳統宋明理學之形上學或本體論研究本於大易哲學的天道觀念，也有「天理流行」、「天命流行」、「太和之氣」等種種邁向宇宙大生命之動態發展的說法。如此形成中西形上學及宇宙生化理論的對比關係。本文以中國哲學思想為主要論述重點，文中包括朱子的「理氣論」，羅欽順的「神化一體而有分」、王船山的「道器合一」、熊十力的「體用不二」、吳汝鈞的「純粹力動現象學」。全文論述聚焦於後三者的理論對比之上。

黃鼎元（輔仁大學教育領導與發展研究所暨全人教育課程中心助理教授）：〈多瑪斯實在論於教育哲學中的應用〉。本文的題目處理教育哲學的理論背景問題，然而要解釋清楚這個背景理論有賴於哲學家們提供知識論與形上學的理論基礎來支持。但是，不幸的是自古以來哲學家們的理論始終沒有如同自然科學一般的統一理論。舉例：希臘哲學時期亞里士多德的哲學立場就與柏拉圖的哲學立場相左。柏拉圖認為感官知識只能得到幻影，真實的知識來自回憶永恆的理型；而亞里士多德的知識論，認為從感官攝取事物的具體形象，藉著理性的抽象能力可以獲得抽象的本質形式。他們對於知識的產生歷程與實在物的本體構造有著不同的理論。多瑪斯是中世紀對於亞里士多德哲學的權威註解者。亞里士多德和多瑪斯對於知識論與形上學的理論發揚，具體影響了教育哲學的理論基礎，使得溫和實在論成為指導教育理論的哲學基礎，本文就在這樣的理論脈絡之下發展多瑪斯哲學的教育哲學面向。在本論文討論多瑪斯及其實在論在教育哲學中能

有如何的應用？多瑪斯關於認識過程以及對世界原理之肯定對當代教育知識問題的應用與回應。

　　以上簡介了本書十一篇專文的內容大要。概要言之，在生命的真、善、美、聖四個向度上，展現出各有擅長。走筆至此，以本人的立場補充一節「生命美學的踐行」。

　　亞里士多德主張「美就是令人愉快的善；因其為善，所以令人愉快。」；多瑪斯主張「美善一致而又有所分別。善是慾念的對象，而美的對象不帶有慾念之滿足或實用的目的。」；馬里旦定義「美」是「安排質料的各部分比例的形式的光輝」或「被合理地安排的質料之上的理性的光芒」。以「生命」作為「美學」的主要研究對象：主要以「審美態度」來看待「生命」兼及發覺生命中的美，有意識地創造生命中的「詩意的行動」（poetic action）。所謂「詩意的行動」是實踐一種行動，除了這個行動自身為目的之外，別無概念性的或實用性的外在目的。在這個行動中結合理性與感性的交織，使得行動者得以享受這個行動所帶來的愉悅。就「我有生命」而言，我的存在價值就是我能享受我的生存所帶來的自在自為（being myself, for myself）的自由。我能夠以自在自為的自由，實踐「詩意的行動」，就是「生命美學的踐行」。

CONTENTS
目　錄

我的學思歷程

黎建球
前輔仁大學校長

一、前言

　　當生命發展到了某一階段時，總會有一些回顧和思考；在檢視這一生時，總是會有一些和中國命運無法離開的經歷。從1943年在中國大陸出生後，歷經對日抗戰、國共內戰、逃難來到臺灣的艱難日子；1980臺灣經濟復興，中美斷交後的臺灣民主自由運動；1990年的兩岸和平共存到2000年後的輔大經驗，有著許多不可思議的經歷。在探討這一生，在「哲學實踐與生命顯揚」的過程中，不禁感謝上主對我個人的照顧，以及對生命內在思考及考驗，同時在這個瞻望的過程中，思考生命的未來及信仰的意義。

二、生命軌跡

　　根據家父自傳《90憶往》所載，我於民國32年農曆6月3號出生於江西省吉安市，出生後因著對日抗戰，隨著家父的任職而東奔西跑，到了民國38年，國共內戰，隨著家父從江西省上饒市到達福州，從福州搭乘軍艦前往基隆，再從基隆到臺北，再從臺北到新竹，居住於日人所留下來的工廠。此工廠結構極為簡陋，屋頂由竹片鋪蓋，地板為泥土，全屋不到六坪，既潮濕又不防風，生活極為艱難。更不幸的，在那一年的12月，家母因歷經逃難，生活困窘罹患疾病而辭世。在我小時候最大的痛苦經驗就是孤苦無依及碰到颱風，每次颱風一來我家就成了透天厝，屋頂被掀開，全家都因下雨而潮濕不堪。每次處理這些，都令我對生命的意義跟價值有非常多的困擾，更因家母辭世更是我對生命的意義跟價值有了更多的疑惑跟問號。我在此居住十四年，直到1963年我到輔大念書時才搬離此地。

三、避難童年6～15（1949～1958）

　　1949年在臺灣定居之後，我就進入新竹東門國小就讀。當時的新竹東門國小由於美軍的轟炸，造成了校園的損害，一直到我從國小畢業時仍然沒有完全修復。在這六年時間，我歷經了許多種族的糾紛和困擾，在閩南人和客家人聯合欺負外省人的經驗中感受到生命的壓力和痛苦，也感受到生命的微弱和渺小，特別是我在十歲的時候，有一天經過新竹街上，看見陽溝的水那麼深，就想如果我跌在裡面被淹死的話有誰會知道我是黎建球呢？這使我心裡產生了強烈的必須生存下去的念頭，這有如Paul Tillich（1886～1965）在《存在的勇氣》（The Courage to Be, 1952）所說：「因為『存在』仍然是思維的內容、神祕和永恆的困境。沒有神學可以壓制存在作為存在的力量的概念。」也因此引起了我繼續讀書的慾望。在那時，臺灣的教育普遍的以為只要小學畢業就可以了，能夠繼續升學是出人頭地的唯一方法，但因為家裡貧窮沒有資源，後經老師的協助才能順利進入中學就讀。當時我因為欽佩小學老師的精神便勵志嘗試投考新竹師範學校，但因成績不夠無法被錄取，只好再進入普通中學就讀。

　　在念初中的時候，由於無法解決自己生命的困境，很想找一個安身立命的所在。由於家庭背景都是道教背景，試圖從道教的源流及發展中找到我在困苦中的生活之道，但是不幸的我沒有辦法從其中理解到那些高深及玄妙的儀式和理論。在初二的時候，由於在新竹東山街看到了一所奇特的建築而好奇地前往探查，出來一位外國人，當我詢問這是做什麼的時候，他告訴我是一個可以獲得生命安頓和發展的地方，這時的我對這樣的宗教有了極高的興趣，後來在新竹中山路碰到了美國籍的杜華神父（Fr. Louise. J. Dowd. S.J., 1911～1990），更使我渴望的安頓得到了適當的安置，因此我在初二暑假初三新學期的時候受洗進入天主教，杜華神父給我取的聖名為聖博納（St. Bernard de Clairvaux, 1090～1153），當時我並不清楚這樣的意義，後來在生命的發展歷程中，聖博納的思想一直成為我生命中的貴人，也是我靈性生命發展的最大助佑。

四、奮鬥青年16～27（1957～1968）

㈠初高中（1957～1963）

在我高一（1960）的時候，由於有一位學長喜歡哲學，特別是存在主義，當時，從1950年代西方開始流行存在主義（Existentialism），在臺灣也有一些流行的思想，在學長的領導下以及圖書館的書籍中發現了一些有關存在主義的書籍，例如《野鴿子的黃昏》等等，因此使我開始對哲學有了興趣。但學長喜歡的沙特（Jean Paul Satre, 1905～1980）卻引起不了我的興趣，特別是他的虛無主義（Nihilism），因為我就是要從沙特的困境中走出來。

在高中三年（1960～1963），我非常努力研究了許多中西哲學，中國哲學及道教背景是我的本業，但是中國哲學所謂的超越哲學沒有辦法滿足我對生命的嚮往，道教中太多的功利思想無法獲得我的需求，而西方當代哲學又普遍在陳述二戰後生命的困苦和艱難，對於如何安頓生命及提升生命的意義跟價值都沒有一個完全符合我個人需求的方式。而在天主教的思想中，給了我許多面向的思考。由於天主教歷經兩千多年來不同的考驗和困難，以及在這些困難中所發展出來的哲學，使得我深刻的理解到生命的困苦只是暫時的，而嚮往永恆不變的價值才是我生命中的需求，也因此我對於哲學的渴望不再是絢麗和譁眾取寵，而是如何能夠深入生命中的價值跟意義，在靈性中取得與道合一、偕道而行的自由。

在我高中畢業的時候，我就以哲學系為志願。但在當時全臺灣只有臺灣大學有哲學系，那個時候臺大哲學系又出現了一些狀況，使得我不太敢報考臺大哲學系，而在1963年的6月教育部宣布有兩所私立學校成立且都有哲學系，一所是中國文化學院，另一是輔仁大學，我由於宗教信仰的關係就報了輔仁大學哲學系成為我的志願。

㈡輔大哲學系（1963～1967）

1963年我進入輔大哲學系，到1967年畢業。在這四年中我最大的收穫

有下列幾點：

1. 所有課程的安排，都是按照天主教大學哲學系的課程安排，由於輔仁大學是天主教在臺灣所辦的大學，因此一切規矩及課程都是按照天主教大學的規則來辦理。在這四年中我學到了完整的、必修的天主教哲學的課程，這些課程包括形上學、知識論、倫理學、宇宙論、哲學心理學、聖經以及邏輯等等。而在語文方面，于斌校長特別強調語文的重要，因此在哲學系除了每一個星期有四個小時的英文課程之外，大二的時候要求選修法文與德文，在大三的時候要求選修希臘文跟拉丁文。除此之外，我還在大三的時候修習張秀亞老師的新文藝寫作，而除了這些課程之外，我個人還在法文系修習兩年的法文，因此對我來說，這四年是一個非常豐富、深入，且讓我對於生命的意義跟價值以及靈性的發展有非常多學術理論的基礎。

2. 在師資方面，由於輔仁大學是第一所在臺灣的天主教大學（Catholic University），因此，基本上在歐美學有專精的神職人員都在那個時候回到臺灣，參加輔仁大學的教學工作，而哲學系的師資幾乎都是神職人員在擔任。我大學四年換了四個系主任，第一年高師謙神父、第二年李貴良神父、第三年王秀谷神父、第四年錢志純神父。

　　其中我最感念的有幾位神父：

　　第一位是錢志純神父，他是一位像慈父一般的長者，他除了教我們邏輯及理性主義之外，在課餘之時對我們這些從外地來的學子有非常多的照顧，他常常會問起我們生活中的需求，有的時候也會給我們很多的支持。

　　第二位是王伯尼神父，他在學校擔任總務的工作，但他在工作中常常給予我很多的幫忙跟支持。我因為家窮，常常在生活中有非常多的困難，王神父就會讓我在校長室、圖書館以及聖堂更衣室工讀，給我一些生活中所必須的費用，一直到我畢業的時候他都在支持我。

　　第三位是魏欽一神父，他是我的英文老師。他雖然是一位神父，但是沒有神父的架子。他知道我們生活困難，常常在週末的時候帶我們到臺北

去打牙祭，甚至有的時候還帶我們去看電影，這些都是我無法想像的生活條件。我和魏欽一神父一直都保持聯絡，後來他遷居到美國，我在2004年當校長以後有時到華盛頓都會去看他，彼此有非常深厚的情誼。

第四位是李振英神父，他是我的宇宙論老師，在大四的時候他才來教我們，當時我跟他並沒有很深厚的情誼，因為他一直都在臺南教區工作，來臺北的時間並不多，後來我會跟他有非常多的交往，都是他在羅光主教擔任校長時，他擔任主任祕書的工作，那時我們有非常多的連繫跟交往。他是一位極為照顧年輕人的神父，我就是在他的照顧下做了許多的工作，甚至在他擔任主任祕書期間，我還擔任了訓導長的工作，後來我擔任系主任、教務長及校長的時候他都給了我非常多的支持和愛護。

第五位是陳祖翼神父，他是慈幼會的神父，他在學校擔任唱經班的指揮，他的個性非常坦然豁達，和我們這些學生非常的和睦，情感非常深厚。1966年當我們在成功嶺受訓的時候，他特別由臺北趕到臺中來看我們，但是很不幸的他在來看我們的途中因為車禍而不幸過世，讓我們有無限的哀思，到今天為止，我每一年在他的忌日8月14號都會為他祈禱。

第六位是周弘道神父，他是一位耶穌會的神父，身材瘦弱、仙風道骨，他是我從高中的時候就開始的神師。他的個性非常平和，生命經驗和靈修生活都是非常的深入而豐富，我在他身上看到一位聖善的長者，在和他來往的過程中，我的靈修生活和生命發展都有顯著而穩定的進步，一直到我大學畢業後我還是會定期的和他有很多的來往和交談，甚至後來我們一起在上海佘山修院上課的時候，我們仍然有非常多密切的接觸。

從以上這些描述當中，我理解到了真正的哲學不只是理論的研習，更是生活中的實踐。這些師長們不但學問深厚，而且身體力行勤於照顧他們的學生，這也奠定了我後來在教學以及和學生的關係中，建構了生命的價值跟體系。我以為真正的哲學不只是理論的學習，更是生活的實踐，特別是在哲學的語用跟語意上更是清楚的標明了哲學的意義跟價值。從哲學原文的語詞中，我們可以理解愛好及追求智慧是我們所有人都要努力去實踐

的，但是如果沒有理論的建構，就沒有辦法在實踐的過程中有一完善體系去按部就班達到實踐的效果，這也是後來我在2003年開始提倡哲學諮商的主要理由。

㈢輔大哲學研究所（1967～1970）

　　1967年輔大哲學系畢業後在軍中服役一年，1968年進入哲學研究所就讀，以兩年的時間完成了碩士學位。我的論文題目是「朱熹的教育哲學」，當時拜臺大哲學系的吳康教授為師，請他擔任我的指導老師。吳老師做學問非常嚴謹，當我第一次晉謁時，他要求我熟讀朱子語類，並能背誦其中和論文有關的章節；第二次去拜謁時，他就要求我背誦那些有關的章節，我非常的努力去背誦那些章節，但是仍力有未逮，而吳老師接著就替我背誦完畢，當時我對於吳老師做事的嚴謹和態度極為欽佩，也因為這樣的態度，使得我在寫論文的時候極為謹慎和小心，而我的論文寫完之後獲得吳老師蠻高的評價。

　　我另外一件在研究所發生的事情，就是因為我家窮而需要有一些工讀的工作。當時我大四的當代歐洲哲學老師鄭聖冲神父知道了之後，就要我在他的基督生活團服務中心擔任祕書的工作。在這兩年中我從鄭神父的身體力行中感受到了生命的意義跟價值，也學會了怎麼樣在冥想中看到了天主的旨意以及生活的目標。這對我未來的日子有極大的幫助，特別是在面臨選擇的時候給了很多的助佑。

　　在研究所畢業的時候，由於鄭聖冲神父的幫助，幫我申請到了瑞士福來堡大學的獎學金，這是一個全額的獎學金，只要我付從臺北到瑞士的飛機票錢就可以了。但這件事情被我的父親否決了，因為他覺得如果我這一次出去念書，他將永遠看不到我，而且也因為家貧，付不出從臺北到瑞士的飛機票錢，雖然心裡很捨不得，但也只好接受，我的父親說在臺灣念博士是一樣的結果。

五、初入社會（1970～1985）

(一)初任教職

1970年研究所畢業之後進入了社會，先是在屏東師專擔任教職並在輔仁大學兼任一些哲學的課，一年之後從屏東師專轉到臺北商專仍然在輔仁大學擔任兼任的老師；1973年耶穌會的羅四維神父擔任輔仁大學社會系系主任，他邀請我擔任專任講師，從此我進入輔仁大學的正式行列，並和輔仁大學結緣超過五十年。

在擔任社會系專任之後，當時的社科院院長張宇恭神父邀我轉任新成立的國際貿易學系擔任專任。專任的兩年（1976～1978）同時也擔任了社會科學圖書館的主任。在這兩年的任內，我學會了如何利用圖書館並從中找到研究的方法，這對我後來的研究有非常多的助益。

(二)訓導長（1978～1982）

1978年7月輔仁大學改組，于斌校長卸任由羅光總主教擔任第二任校長，並由李振英神父擔任主任祕書，羅主教邀請我擔任訓導長的工作。當時社會的氛圍認為必須要由年長穩重的教授擔任這個工作才是恰當的，當時我只有三十五歲，有許多人不贊成讓年輕人去擔任這麼一個重要的工作，因此被拖延了一段時間，最後因為羅主教的堅持我才能順利擔任。

而在我接任訓導長工作不久，臺灣不斷發生了大事：12月中美斷交，整個臺灣的社會氛圍完全炸開來，完全不能理解為什麼美國要做這樣的工作，引起了臺灣人民非常大的恐慌，甚至有外國媒體報導認為臺灣不久將會淪陷；而更震撼的，在第二年又有了美麗島事件，造成了整個社會的動亂和不安，接著民主進步黨成立，而我就在這樣的氛圍中擔任了四年的工作。對我來說，在艱苦中的奮鬥印證了我的信仰和我對哲學理解的應對方法，這也使得我在未來處理哲學和人際關係的時候有了非常多的啟發和幫助。

在這四年中，為了安定學校的環境，我提出了導師制度，建議學校給

予導師每個星期兩個小時的專任時數，並將每個星期三的下午一點半到三點半的時間列為全校導師時間，並規定每位導師每個星期都要和學生見面和討論，同時和學輔中心商量開設一些有關如何輔導學生的課程和講座，而也利用這樣的機會，學校所有重大的活動也都利用這個時間來舉辦。

另外，也鼓勵學生舉辦社團活動，以吸引同學能夠留在學校參與活動，並和同學們有良好的交流。在此值得一提的就是法文系楊港安同學，因為在山地服務的過程中為了拯救小朋友而犧牲了自己的生命，因此學校將「山地服團」改名為「楊港安山地服團」。

另外，在向孫運璿行政院長報告的過程中，或者同意可以在校園裡面舉辦舞會，因此在1979年輔仁大學五十週年校慶的時候，特別由羅校長主持舞會，而成為全臺灣最有名的聖誕舞會。

㈢專任教職、哲學大辭書、《哲學與文化》、博士班（1982～1987）

1982年我辭退了訓導長的工作之後就在學校擔任專任教授的工作（1974年升副教授，1977年升教授），同時和鄔昆如教授合作共同編撰《哲學大辭書》及《哲學與文化》。當時鄔教授提出在編撰《哲學大辭書》之前先要有哲學字典，如此可以統一在辭書中所有的用語。我和鄔教授之所以願意免費承擔這樣的工作，只是因為在羅主教的創導之後，雖然有些人已經在做這樣的工作，但是並沒有什麼進展，因此羅主教就委託鄔教授來承擔這個工作，同時要我協助鄔教授。我們花了三年的時間將《哲學字典》編好，同時開始做《哲學大辭書》的工作，這在當時是一個創舉，但卻是一個極為艱難的工作。《哲學大辭書》歷經二十年之後仍然只有出版到第八冊，距離十冊仍然有些距離，而在其中主要的編輯人員：鄔昆如教授、沈清松教授、趙雅博教授、張振東教授皆已辭世。

同時也在1982年，鄔教授擔任《哲學與文化》的主編。《哲學與文化》是當時在臺灣最有影響力的一份哲學雜誌，從最初在臺南創辦以來一

直到臺北的發展都是臺灣哲學界中最重要的一本刊物。《哲學與文化》是由方東美教授提名，歷經數位編輯再到鄔昆如教授。鄔教授請我在《哲學與文化》擔任專欄撰寫的工作，他負責撰寫西方哲學家，我負責撰寫中國哲學家及人生哲學的問題兩個專欄，我和鄔教授的情誼也由此建立。雖然以前我們就已經熟識，但是彼此的合作卻是從這個時候開始的，後來我們還一起合作了好幾本書的撰寫，一直到他過世前我們都是極為要好的朋友。

　　另外一件事，就是鄔昆如教授建議我去攻讀博士學位。我在1969年拿到碩士學位之後，當時臺灣社會的氛圍認為有碩士學位就夠了，因此我就沒有再繼續攻讀博士學位，而在自己的努力之下，持續地升到了副教授（1974）和教授（1977）。但是鄔教授以為，如果有一個博士學位可能對你的研究和發展更有助益，更何況在就讀博士的時候可以接觸到許多既有學問又有智慧的老師，以及他們如何處理教學及研究工作。我聽了鄔教授的勸導之後，於1982年考進輔大哲學研究所博士班，在這三年的時間裡，誠如鄔教授所言，有非常多的啟發和理解，而在1985年我就在羅主教和錢志純神父的指導之下以「人生哲學的形上基礎」為題而獲得博士學位。

六、努力中年45～74（1986～2017）

㈠輔大哲學系主任（1987～1993）

　　在拿到博士學位的第二年，奉羅光總主教的命令，接任輔仁大學哲學系系主任。剛接任的時候，發現哲學系的師資嚴重缺乏，除了一位教授、一位副教授外，其餘都是講師，而且員額只有七位，要發展哲學系變得極為困難，因此，我在當年就向教育部申請增班，很快獲得教育部的同意，由一班變成兩班，也就是愛、智兩班，由此，教師員額也就可以增加，同時，也開始了課程的改革，所有的必修課程都分成三班來教學，哲學概論課再加上一個學分的討論課，由碩博士班的同學來帶一年級的同學共同研習，如此不但可以讓碩博士的同學有機會再溫習及實踐哲學的精神，同時

也讓學弟妹們能夠在學長的風範中學習到追求哲學的精神，這一個課程的實施培養了非常多的哲學老師跟哲學家，效果非常良好。

　　在我就任的第三年，再向教育部申請成立士林哲學研究中心，很快就獲得同意撥款一百萬元。那時，我將文華樓310的打字教室及辦公室改成為士林哲學研究中心及教師休息室，一直到現在，文華樓310教室仍是哲學系主要的研討會及會議的中心。

　　在士林哲學研究中心成立之後，課程也有了一些改變，鼓勵同學在暑假的時候能夠前往和我們合作的學校研究，例如美國天主教大學、比利時魯汶大學，同時我們申請到了一些獎助學金，幫助同學可以去研習及就讀。

　　1981年，奉夜間部主任的指示，成立了夜間部哲學系，也就是慧班，第一屆同學進來的時候表現了高度的學習熱誠和團隊精神。這一班的同學表現非常優秀，有非常多的同學獲得了碩、博士學位，而後有許多同學成為服務學校的核心幹部。

(二)輔大教務長（1993～2000）

　　1993年系主任任期屆滿，因校長的指示擔任教務長的工作。在教務長的工作上我一共做了六年半，在這六年多中，奉李振英校長的指示參加了使命小組的工作，並擬定了輔仁大學的使命與目標，根據這個使命目標，成立了全人教育中心，並訂定，人文藝術、社會科學及自然科學三大領域，同時規定必修課程為大學入門、人生哲學及專業倫理三門課程。

　　另外，請織品服裝學系重新設計博士服、畢業證書的中英文並列，以及在畢業典禮時，由指導老師撥穗，校長頒發畢業證書的工作，同時也接下了大學入學考試中心臺北縣考區的工作。

　　在這期間，我還擔任了教育部通識教育的顧問（1998～2001）。正好在這個時候臺灣省精省（1998），原來孫效智教授和曉明女中合作的倫理教學案，也因為臺灣省精省而被迫停止，那時我在教育部和曾志朗教授一

起擔任顧問，我們共同討論下一步精省後的倫理教學案，正好孫效智教授提出生命教育的想法，我們就一起來思考跟討論。後來曾教授擔任了教育部長，他就將2001年定為「生命教育年」。

㈢再任輔大哲學系主任（2003～2004）

2000年我卸下了教務長工作之後，前往美國做了一年的研究工作，在這一年中對我的人生有極大的改變。有一天我在舊金山的Border書店看到了許多哲學諮商的書籍，令我極為驚訝，也讓我感到極大的興奮。閱讀了這些書籍之後，我決定要在我的有生之年推廣這個工作，在2002年我回到系上之後，就在構思如何去實踐這些想法。

2002年的暑假我又接任了哲學系主任，在接任之後獲得系上的同意，將哲學系二年級的課程分為中國哲學與西洋哲學專業，要求同學選修一個專業，到了三年級，除了必修課之外，分成三個志業群組：哲學諮商學群、兒童哲學學群、社會批判理論學群。哲學諮商小組由我負責規劃及實施，兒童哲學學群則由潘小慧教授負責，社會批判理論學群則請社會哲學的老師們負責。這個計畫到今天為止，除了社會哲學學群的老師們退休之後無以為繼，而兒童哲學及哲學諮商都在繼續發展，雖然不再有學群之名，但專業的發展仍然繼續不斷。

另外，我也在2003年成立了碩士在職專班，設立這個專班的目的是為了實踐哲學諮商與兒童哲學的理想而設立的，開始的時候有非常多的社會人士以及非哲學系的同學們來報考及就讀，有不少的同學在畢業獲得碩士學位之後，更進一步獲得了博士學位以及在社會上有良好的表現。

㈣輔大校長（2004～2012）

2003年的秋天，我意外的當選了輔仁大學的校長，在這之前，我曾經參與兩次的校長遴選，但都沒有成功，我本來以為在校長的這個職位上不再有任何的期望，但是因著單國璽樞機主教（cardinal paul shan kuo-Hsi, S. J. 1923～2012）的鼓勵，我參加了校長的遴選並當選。

　　2004年的2月2日就任輔大校長，一直到2012年2月卸任，在這八年中，我秉持著哲學的精神和輔仁大學的傳統做了一些工作：

1. 成立了中華民國校友會總會以及全球校友會，並規定雙數年在海外舉辦全球校友會，單數年在母校舉辦。因著校友會的成立，許多學校的計畫都藉著校友們的熱心及愛護得以順利地實行，例如成立輔仁大學醫院、各系所的設備的改善，齊德芳神父語言中心的改建及宜聖宿舍的新建。

2. 其中最辛苦的就是醫院的興建，這是從于斌樞機以來歷任校長的夢，在醫院選址的時候，醫務副校長建議用聖保祿修女會在貴子路上一塊二千四百多坪的地作為醫院的地址，但是我覺得太小，單樞機則建議使用玫瑰學苑，玫瑰學苑雖然有三千多坪，但是我覺得離醫學院有些距離，不是很方便，因此，在幾經思考之下，我建議和多瑪斯總修院換地，多瑪斯總修院有五千多坪又和醫學院鄰近，只需要搭一個天橋，醫學院和醫院就可以相通，在幾經考慮和討論之下，主教團的條件是將城區部及玫瑰學苑和主教團交換，並負責總修院在玫瑰學苑的新建，經過三、四年的研究討論，終於獲得董事會同意，並決定新建宜聖宿舍作為玫瑰學苑的更替。玫瑰學苑原來是進修部同學的宿舍，因為和主教團交換，答應同學另外蓋宜聖宿舍作為補償，而宜聖宿舍打算興建地點則是在聖神修女會的會院上，因此我們達成協議，也得到聖神修女會的慷慨協助，在這地上興建宜聖宿舍，並提供了一些學人宿舍，此後，醫院和宿舍皆由繼任校長完成。

3. 校訓演繹，非常多的人對於本校的校訓應該如何念法有不同的意見，為了釐清及闡釋校訓的意義，我在2008年擬就了輔仁大學校訓演繹，鐫刻在校碑的後面，全文是：

　　　　本校校訓意涵可從兩方面詮釋：眞善美聖或聖美善眞。

　　　　眞善美聖係指人生追求之道：藉著對知識眞理的追

求，修德行善的用心，欣賞宇宙萬物之美，以體會人生至聖之境。

聖美善真則是指人生分享之道：一所天主教大學相信世間存有唯一至聖全能的天主，藉其德能的分享，使人在世間能依其旨意度一真善美的生活。

此兩者間乃彰顯天人相合之道，人因天主享有生命及永恆，天主藉著人而使世界美善可愛。

4. 國旗地點的豐富，長期以來輔仁大學的旗杆都是以中華民國國旗為唯一，但是輔仁大學是一所天主教大學，他的管轄是由教廷以及中華民國教育部共同管理，因此我在旗杆處改變成為中華民國國旗、教廷旗以及輔仁大學校旗，作為新的一種標誌，彰顯輔仁大學的特殊意義及價值更顯示出天主教三位一體的精神。

5. 新生入學叩門禮，輔仁大學過去在畢業典禮的時候有一個很好的習慣就是派遣禮，在學生行將畢業的時候輔仁大學對於這些畢業的同學有一些深重的期望及祝福，因此使用了天主教的派遣禮，但是在入學的時候卻沒有任何有關的禮儀，因此，我使用了福音耶穌基督叩門的精神，要求宗輔中心設計了叩門禮。在叩門禮的時候，校長及老師們都穿著博士服坐在前面等待，由學生代表來叩門，由教務長負責詢問進入輔大的想法及目的，在應對之後由教務長開門，學務長付與學生證，歡迎他們進入大學來就讀及研習，這個禮節現在已成為輔仁大學重要的精神指標。

6. 天主教研修學位學士班，依教廷教育部的指示，如果輔仁大學要成為一所宗座大學（pontifical university）必須要有三個重要的單位：哲學系、法律系（canal law）以及神學系。輔仁大學的神學院是附屬於輔仁大學並不是輔仁大學的單位，在和神學院研究之後，他們認為不適合歸在輔仁大學名下，因此，祇好單獨設立天主教研修學位學士班，在董事會討論時，我想委托給耶穌會來辦理，但是他們因為人力的關係沒有辦法接

受，因此我只好請陳德光教授在社會科學院設立。當時我們的認知這些同學們畢業以後可以獲得社會學士學位，但是教育部以為這是一個天主教的專責教學單位而且所收的學生都是基督徒，應該賦予神學學士學位。

7. 青年運動三項的提倡。在第二個任期的時候，我提出了健康輔仁、愛心輔仁及正向輔仁的標語作為輔仁大學發展的目標，更提倡青年運動三項作為輔仁大學學生可以終身的運動。我提出來單車環島、泳渡日月潭、玉山登頂三項，除了玉山登頂因為住宿的問題之外，其餘兩項都在繼續進行，特別是單車環島到現在為止仍然是同學們在暑期最重要的一項活動，有許多同學參與這項運動之後在他的生活和生命中都有一些改變。

8. 另外，我在社會服務工作上，鼓勵同學們能夠利用時間去為社會貢獻己力，如，偏鄉兒童課業的服務、加爾各答垂死之家的服務，以及許多其他海外的服務，我個人估計在當時每年差不多有四千多位同學在全球各地服務。其中特別要提及的是偏鄉兒童課業的服務，當時暨南大學承接了教育部偏鄉服務的工作，他們也邀請我們來參與，我在與資訊中心林主任討論之後，我們決定利用禮拜二、禮拜四下午的課餘時間，建構一個資訊平臺，可以直接和偏鄉兒童接觸，在這個時間，輔大的同學們和偏鄉的孩子們共同探討課業以及生活的問題；作為他們的大哥哥、大姊姊，到了校慶的時候，邀請他們到臺北來訪問參觀，住宿在輔仁大學，這個工作持續了很多年，由於呂慈涵老師的辛苦負責而成為輔仁大學社會工作上最輝煌的鑽石之一。

9. 輔仁學派，我在就任校長的第三年，就在思考如何讓輔仁精神能夠發揚光大，那個時候輔仁大學已經有十個學院，基本上所有的學科都已經完整，因此我就構思能不能夠成為一種學術的典範，我就想起了輔仁學派（Fujen School）這樣的方式，主張以天主教精神為核心，發揚真、善、美、聖的精神，發展具有輔大哲學特色的學術風氣，以建立一個結合士林哲學、新士林哲學（Neo Scholastic）、超驗多瑪斯主義

（Transcendental Thomism）與中國哲學，融會之後形成的「中華新士林哲學」的天主教大學，並分成五個組來進行：基礎理論發展組（神學、哲學、宗教、教育、社會、法律）、生命倫理教育組（醫學、護理、法律、社工、社會、宗教、哲學、生命科學、教育）、社會正義和平服務組（服務學習、正義和平中心、服務性社團）、身心靈整合組、生活素質管理組（食衣住行育樂）。這個計畫在我卸任後兩年被研發處停掉，但在十年之後的現在來看，一個大學的靈魂就此被窒息。

10.在校長任上有幾件事情尚未完成：2008年就對全校已經做了一個環境規劃，在卸任之前只做了部分後續的末能完成。

淨心堂的改建，當時齊德芳神父設計這個教堂的時候，表明了可以使用二十到三十年之間，因為教堂的二樓是沒有柱子的，因此它的承載是有限的，當時準備了六億準備在教堂後面那塊空地興建一座水晶教堂，希望能夠利用光線及建築的交互作用為輔仁大學奠定一個新的座標。

體育系大樓的改建，體育系房子在建築的時候並沒有顧及地層及建築的安全，在使用了四十年之後已經有些結構上的問題，我建議在棒球場上興建一座二十層的體育大樓，將所有的運動設施都放在裡面。

教育學院及傳播學院的發展，我曾有一個構想，想將文研樓及神父宿舍以及于樞機墓園做一個整體的規劃，興建一個十二層的大樓可以讓老師們的研究室以及傳播學院的一些設施可以有更寬敞的空間，但是這個計畫並沒有得到代表們的同意。

2012年我卸任之後，得到新任校長的支持擔任天主教學術研究院院長的職務。

(五)輔大天主教學術研究院（2008～2013）

天主教學術研究院是我任上最有成就的工作之一，也是最大的夢想，我個人以為在一個天主教大學中，如果沒有一個研究天主教的單位顯然是不符合天主教大學的身分，我在2005年開始設計天主教學術研究院的規

模，當時，想委請耶穌會來辦理，但耶穌會的回應是因為他們人力不足無法接受，因此，就由校方來承接，而我個人也覺得義不容辭由校長直接來負責這個成立的工作。在歷經董事會的討論之後，在2008年成立了天主教學術研究院，本來更早的期望是希望能夠成立天主教學院，但是因為當時的環境不適合，因此就先成立學術研究院，原來在研究院的計畫中要成立十五個研究中心以及十五位研究人員和若干兼任的研究人員，但是因為財務的問題，先將學校有關的天主教研究單位整合在天主教學術研究院，研究院包括了士林哲學研究中心；華裔學志、宗教與科學研究中心；天主教歷史研究中心；正義與和平研究中心，以及五位研究人員，在歷經討論、質疑與辯論的過程中，終於在倬章樓的4樓成立了「天主教學術研究中心」。

㈥財團法人大學入學考試中心（2013～2017）

卸任一年半之後，我接受財團法人大學入學考試董事長李嗣涔董事長的邀請擔任大學入學考試中心的主任，在四年之中，歷經了中心財務的結構變化、考試制度的調整、中心制度的更換以及課綱的改革，到2017年因為董事會的改組而卸任。

七、顯揚老年74～（2017～）

2017年之後，我開始思考及閱讀有關靈性的書籍，從我1958年領洗進入天主教到現在超過六十年，在這六十年的期間一直在閱讀、反思及實踐有關生命的意義跟價值，我在每一個工作層面上都已生活在天主教的靈修中，靈修生活已是我生命中最重要的工作，我一直以為我的身分首先是天主教徒然後才是其他的身分，因此我總是以天主教徒的身分來面對我的工作，雖然因為年紀的增長，身體的不斷衰弱，工作上不斷的挑戰，但是在靈性生活方面卻一直維持。

在行將八十之際，思及孔子所言「三十而立、四十而不惑、五十而知天命、六十而耳順、七十而從心所欲不逾矩」，但孔子並未活到八十，而

孟子及荀子，雖已超過八十，但並未對孔子此言有所述及，而我以為到了這個年齡「與道偕行、生命顯揚」才是我生命的中心，經過六十年以來的哲學的薰陶、培養及實踐，我以為作為一個中國的基督徒，他需要有更多的體悟，實踐及發展，這也是生命顯揚的光輝時刻。

八、經驗性理論

　　從十六歲開始研習哲學，由於高中學長的關係都是走西方哲學閱讀的路線，特別是西方當代哲學，但是這些西方哲學沒有辦法滿足我對於生命的要求，因而轉向了中國哲學，但是中國哲學對現實的滿足性是令人驚嘆的，但是對於超越（ascend）的發展卻總是令人感覺不足，而我在十四歲領洗進入天主教的時候，絲毫未發覺天主教的精神和義理，直到到了高三，才開始研讀天主教的哲學與思想，在那個時候天主教開始了第二屆梵蒂岡大公會議，他們所研討出來的文件令我非常的驚訝和佩服，過去我們對於天主教的感覺都是非常的保守和頑固，但是從第二屆大公會議所發展出來的文件中，看來不但是一個超前的部署，更是一個心懷現代人的實踐方針，因此我在大一的時候開始研讀這些文件，同時配合傳統的哲學，使我對天主教哲學有了基本發展的概念，在哲學系的課堂上老師們介紹了許多不同的主義，但更重要的是老師們將天主教哲學的基本概念闡述給我們，而其中令人可惜的是，天主教哲學並沒有因為大公會議的召開而有所改變，直到我在研究所的時候才發覺了一些蛛絲馬跡，特別是那些在和康德、現象學和詮釋學共同發展的過程中天主教哲學所包容的概念，這也使我產生了可以有一個海納大川的思想方法和理論。

㈠中國基督化的使命，基督中國化的耕耘

　　作為一個中國基督徒，必然會考慮到中國和基督的關係。從天主教傳入中國到現在四百多年中我們可以發現，所有的基督徒特別是那些想和中國文化合而為一的學者都在努力的是中國和基督徒有所連繫和結合。

　　我開始思考佛教進入中國的狀況。佛教在東漢進入中國時，也只是在

做宣揚的工作，並未有積極的佛學和中國文化融合的發展，而到了唐代，由於社會的開放，外來思想和中國文化有了相當密切的接觸，而佛學在那個時候大量的輸入中國，而中國也興起了大批的翻譯者，將佛學翻成中文易於大眾閱讀，在這些反覆思考和閱讀的過程中，修煉和體悟成了佛教在中國轉型的重要工具，特別是禪宗的發展造就了佛教的高峰，以至於佛教和儒家和道家發展到後來，竟然成為中國文化的根源。

反觀天主教來中國的過程中，並沒有如同佛教那樣的情況。首先在元代傳入的時候，是在一種社會不穩定的戰亂中；到了後來，明末進入中國的時候，社會也呈現了一種不安的狀況，如果那個時候的傳教士能夠有更多的了解和體諒，可能天主教會有更好的發展；更不幸的，在雍正時期由於禮儀之爭而被禁教時，使得天主教的發展造成了極度的困難。

而從清末以來天主教的發展藉著列強對中國的侵略和占有進入時，使得中國人對天主教有一種特殊的不能體諒的感覺，這在我小的時候感受到非常明顯，特別是宗教夾著船堅炮利的情勢給了中國人很大的壓力，這種自我中心的傳教方式是無法讓人接受的。

另外，我自己也發覺西方人或者傳教士在研究中國文化的過程中，絕大部分都是在敘述、或者傳譯，並沒有真正的融入中國文化的核心，至於對中國哲學的參悟跟修行更是很少；相較於佛學在唐朝的時候，有許多高僧和信眾甚至政府官員都對佛學有非常深入的理解和有效地融合，而能造成風潮，而天主教在宗徒教父時期由於太強調主教的權威，以至於弱化了教友參與教會事物的積極和主動性，這和佛教和道教的方式是很不一樣的，也使得階級性的問題造成了傳教的困難。因此我以為，要讓基督跟中國文化有更深的接觸，必須雙方進行，就是中國基督化與基督中國化，雙向並行才有可能達成真正的目標。

所謂中國基督化或基督中國化是有下列不同的涵義：從中國基督化的觀點來看，如何使中國大眾能夠接受基督的教義和教導，這是所有基督徒的使命，因此深入的研究與生活的方式是吸引人進入天主教的元素，但

是，太過堅持自己的傳統，是無法吸引社會大眾有效地進入基督的氛圍中。1970年于斌樞機主教鑑於祭祖的問題造成了天主教與中國的隔閡，因此提倡敬天祭祖（我在擔任校長時改為祭天敬祖）的概念，他在輔仁大學及社會上所做的實驗非常成功，也讓許多社會的賢達開始和天主教有所接觸，而後繼任者羅光主教也繼續于斌樞機的做法，這使得天主教在臺灣獲得一個相當有力的地位；另外，大公會議普世精神的發展，臺灣部分神職人員開始逐漸的接觸道教及佛教的修為方法，試圖滲入天主教的靈修中，這在過去幾十年的實驗中可以發掘，靈性的體悟及提升是不被限定在某一種特殊的方法中，只要這個方法的最後是和耶穌基督或者天主有所連接就是可行的方法。

　　而基督中國化的耕耘，則是需要在學術上有更多的發展。過去所有漢學的研究，基本上都是在對漢學的義理和方法有所討論跟探討，也有非常多的漢學家在對中國文化研究的過程中造成了很多風潮，使得中國研究成為西方學術界的一個重要里程碑，而更重要的，是有一些漢學家開始討論中國哲學跟西方文化的結合，以及如何互相滲融，這就如同天主教在剛開始興起的時候，引用了希臘哲學作為自己理論的根基，甚至於將希臘哲學的某些哲學家作為天主教神哲學的基礎，而這樣的工作，不應只停留在希臘哲學和天主教的發展中，而也應該是天主教和其他哲學的交談與共融，甚至於互相參採才是發展之道。

　　由於有這樣的體悟跟想法，也是我的哲學開始逐漸從心物合一論轉向經驗理性論（Empirical Rationalism），這種觀點的思考，基本上來自於人是一個現實的主體，這和過去天主教的靈修有些不同。在傳統的靈修中，基本上是將人的現實性減到最低，而將人的精神性提到最高；而心物合一論，雖是在提倡心和物的結合，但結論仍然是以心統物；而經驗理性論則接受現實的感官經驗會對理性的判斷有所影響，人無法離開現實而完全投入理性或靈性的狀況，必須先有現實的經驗，理性的反省才會有靈性的脈絡，這基本上是所有人類必須要走向的途徑，沒有人可以沒有現實的經

驗、理性的反省以及靈性的經驗就能夠有所謂天人合一的想法，除非他本身就是具有神性，不然人是無法脫離這樣的困境的。

因此要解除人和天主交往過程中的困境，必須先要能夠解除在感性、理性及靈性發展中的障礙。而哲學諮商幫助我在建構從感性、理性到靈性的過程中所產生的一些困擾或者舒緩，這也使得我在和個案的討論中，特別是那些有憂鬱症或者精神上困擾的個案上，更能體會感性、理性以及靈性上的發展途徑，因此我希望在我未來的歲月中，能夠有效地處理經驗理性論的問題。

㈡哲學諮商的靈性發展

這樣的體悟，使得我在2003年開始在臺灣推動哲學諮商運動的時候，開始發覺西方所推動的哲學諮商基本上都是和心理學有所關連，還沒有完全符合哲學的基本精神。如果從哲學的希臘文（φιλοσοφία）來看，追求智慧顯然是從事哲學諮商的一個重要且深入的要求，智慧不只是生命的一種經驗，更可以是一種主體，這一個主體應該是智慧本身，如果我們只從亞里士多德（Aristotles 384～322BC）或者赫拉克里吐斯（Heraclitus C.6th BC～C.5th BC）而言，所謂智慧的定義，只是被限定在後天的意義和價值，也就是祇有在生活中的經驗和歷練，但是智慧如果只是如同他們所謂的一種能力，則這樣的智慧是無法超越時空及永恆性，因此，必須要有一個智慧主體，才有可能是智慧能夠超越時空和達到無所限制的運用，因此，內在超越是個人修身的條件，而外在超越則是個人的目標，如此互相融合、互相運用，才能將人的意義跟價值推到最高峰。

㈢經驗理性論的落實

我在建構哲學諮商方法論時，就思考了其意義和價值，也因此我建構了所謂的CISA方法論，這個方法論從現實的覺察（consciousness）進入內在的洞見（insight），然後洞見能夠擁有無所不能的觀點和能進入靈性的體悟（spiritual moving）。究竟我們都是生活在現實中，對於現實生活和

人際關係的覺察是關係到我們自己內在的平靜和個人能發展成為超越可能性（ascend）的踏腳石，而洞察的觀點是基於深入的覺察和事物的理解建構了我們對現實和超越的一種有效地連結；靈動則是在幫助我們在做這種連接的時候可以有效地建構一些基本的概念，因此那種覺察的廣度、洞察的深度、靈動的速度以及超升的高度是CISA的基本態度，而這樣的態度使得我們可以不斷地超升，甚至進入跟智慧本體有所融合而成為一體。

九、結論：天主給人的路——與道偕行，生命顯揚

　　回顧過去的歲月中，我體會到天主給我的道路並不是一條順遂的道路，他讓我碰到生命的困境，接觸到從困境中解脫出來的快樂，同時更深入的讓我體會到困境中的渴望和期待，這也讓我發現困境並不是末路，而是生命的轉機，每當在這種轉機中，天主給予我的思考元素使得我能夠在這些困境中有更多的機會發展出自己的靈性特質。所謂的「與道偕行，生命顯揚」，是在這樣的意義中產生的。我也相信在我未來的歲月中，天主給予我的考驗仍然在繼續中，同時在這些考驗中體會到不斷深入、不斷提升的意義跟價值。而所謂的「與道偕行，生命顯揚」，更證明天主在每一個生命的關口中給予生命的意義跟更高的價值讓我能夠有更多的機會與道偕行，這也是我對哲學實踐生命顯揚的一些觀點。

哲學實踐

兒童哲學實踐與生命顯揚

潘小慧

輔仁大學哲學系教授

摘要

　　兒童哲學之父李普曼教授從1970年開始創立兒童哲學，至今已超過半個世紀，比1981年歐洲發跡的哲學諮商更早。從認識欣賞兒童的思維特性、「為」兒童設計哲學教育活動、「陪伴」兒童一起做哲學等三層意涵；到「童年哲學」的探尋、作為與「成年哲學」連繫的必要階段。童年與成年不是對立的兩端，更好說是相反相成；兒童與成人的適當關係是互為主體性，兩者是夥伴，因此必須互相合作、一起學習。

　　本文從兒童哲學發展的視角，重新觀看「兒童」，省思「兒童」／「童年」本身的意義、「兒童（哲學）之於成人（哲學）」的意義，最終肯認兒童即為目的；即使是從人生完整生命的角度看，兒童／童年不但是生命的顯揚，也是成人回歸的原鄉。

一、兒童哲學實踐

　　「哲學實踐」（Philosophical Practice）不同於「實踐哲學」（Practical Philosophy）。「實踐哲學」對比於「理論哲學」（Theoretical Philosophy），按照馬里旦（Jacques Maritain, 1882～1973）的說法，它們的目的不同。理論哲學乃為求知而求知，實踐哲學則為求善而求知。因此，最堪稱為實踐哲學者就是倫理學，其次是藝術哲學。哲學實踐強調哲學理論得以具體化或實現的過程，可以說是一種哲學理論的應用，

尤其強調哲學自助和助人的一面。因此，就當代的角度看來，最堪稱為哲學實踐者是「哲學諮商」（Philosophical Counseling）和「兒童哲學」（Philosophy for Children）。也有人直接將哲學實踐狹義地等同於哲學諮商，而兒童哲學由於著重探究團體（Community of Inquiry）的模式，也可以算是一種團體哲學諮商。

　　兒童哲學之父、前哥倫比亞大學教授李普曼（Matthew Lipman, 1922～2010），從1970年開始於美國創立兒童哲學，至今已超過半個世紀，比1981年在歐洲德國發跡的哲學諮商更早，歐洲大陸的兒童哲學也幾乎於同時或不久之後發展。由於歐美兩洲兩地的哲學傳統有不同的方法學之側重，也因此發展出風格迥異的兒童哲學面貌。通常我們會說美國兒童哲學重邏輯思辨和思維方法，歐洲兒童哲學重愛智慧和蘇格拉底對話法。之後，亞、澳洲以至於全球，也都漸漸地被兒童哲學「為自己思考」以及「尋找自己的意義」的進步教育理念吸引，感受到兒童哲學教學實踐的生命力及魅力。於是，一開始大多直接到美國或歐洲取經、接受培訓或修習；教材和教法方面，大多先學習、模仿、照搬及照做。這是第一階段或第一種模式的兒童哲學實踐道路，大約走了四十幾年。

　　我們知道，兒童哲學的「兒童」定義是以十八歲（也就是高三生）以下為教育對象。受到天主教耶穌會開辦中學的啟發，法國從十九世紀拿破崙第一帝國時期開始，便將哲學列為中等教育的必修科目，哲學也成為創始於1808年的高中畢業會考的科目之一。2015年，法國教育部正式在道德與公民教學計畫中，將「哲學討論」列入國民學校的重建法規中。2016年，聯合國教科文組織設立了兒童哲學的教席，由法國南特大學（Nantes Université）負責執行。反觀我們臺灣，108學年開始，「生命教育」課程好不容易取得普通型高級中學1學分必修課的設置，其課綱由哲學概念貫串，哲學思考、人學探索、終極關懷、價值思辨、靈性修養等五大核心素養無一不涉及哲學思考，勉強有沾到哲學的邊。國中、國小則採取課程或議題融入的方式推廣生命教育，也算難得間接與哲學擦個身。其中，兒童

哲學探究團體的模式就值得納入實施操作。

　　然而，「不同文化應發展出不同的兒童哲學」的聲音也不斷被提醒或自省。於是近幾年來，爲自己的文化寫些屬於本土的兒童故事是一條路；從中國智慧傳統思想文化，例如儒釋道的諸多流派及其學說，尋找並開發蘊含著豐富的童年資源是另一條路。這即是第二階段或第二種模式，已逐漸成爲當代兒童哲學全球化歷程中的主流。兩岸及東亞兒童哲學界試圖擺脫歐美兒童哲學模式或框架，有意識地走出我們自己的道路——兒童哲學的中國思想文化之路。[1]中國思想文化的多元、厚實和豐富，絕對值得浸淫並提出更多兒童哲學領域的本土實踐研究。

　　至於筆者個人的兒童哲學實踐之路，可以說是主要在中西倫理學的理論研究旨趣外的外掛或斜槓篇章，雖意外卻美好。2001年9月開始，爭取每一個學期於輔仁大學全人教育中心人文與藝術課群中開設兩學分之「兒童思考與倫理教育」課程，[2]至2004年1月底，擔任哲學系所主任爲止，筆者共教授過五個學期五個班級，修習學生高達三百人。直到2002年8月，黎建球教授二度出任輔大哲學系主任，他開明且特有前瞻性的性格，將「哲學諮商」首度從歐美引進臺灣學術圈，[3]也支持筆者順利爭取到2003年在哲學系正式開設「兒童哲學」課程[4]至今。

1　潘小慧、高振宇主編，〈中國思想文化與兒童哲學的本土實踐專題〉，《哲學與文化月刊》，49.10[581](2022.10)。

2　這必須感謝當時的文學院院長陳福濱教授的開明與支持。

3　黎建球，〈哲學諮商20年〉，《哲學與文化月刊》，49.12[583](2022.12): 6(5-22)。

4　於是，輔仁大學哲學系於2003學年度在大三的「三大志業學群」之一的「倫理哲學學群」底下開設一門由筆者授課的「兒童哲學與倫理教育」課程（2004學年度則以「兒童哲學：理論與實務」爲名開課，之後兩門課每年輪開，以方便有心進一步研究的同學修習）。到了2005學年度，哲學系碩士在職專班首度招生，由於部分生源是小學教師，於是隔年開設兩學分之學期課「兒童哲學專題」，以鼓勵小學教師將所學應用於教學現場，藉此推廣兒童哲學。這不是一件容易的事。之前，即使我主動願意以我鍾愛的另一門選修課「儒家哲學」換取開設「兒童哲學」課程，而且是隔年輪開的方式，也不成。當時的系主任雖未明說，但可以感覺到她對「兒童哲學」課程的不以爲然，這也是當時臺灣哲學界並不重視「兒童哲學」領域的一種現實。筆者需要更大的毅力與堅持。

　　本文在簡介完兒童哲學此門二十世紀下旬新興的哲學學術後，並不打算像之前的論文關注於兒童哲學內部的議題或者其教材教法之發展與討論，而是想針對本會議主題「哲學實踐與生命顯揚」（這個主題是黎校長訂定的，訂的很好），嘗試闡明兒童哲學實踐與生命顯揚可以有什麼樣的關連？首先，指出兒童／孩子是獨立自主的個體，不隸屬於大人；其次，肯定兒童是天生的哲學家；再者，提出「童年哲學」的說法；最後，藉由童年哲學和成人哲學關係的釐清，結論出兒童哲學實踐的意義在於生命顯揚——遇見赤子童心的眞我。

二、兒童的靈魂住在明日之屋

　　到底應如何看待兒童？如何看待孩子？黎巴嫩詩人哲學家紀伯倫（Kahlil Gibran, 1883～1931）名著《先知》有段關於〈論孩子〉（On Children）的散文詩，深得我心：

> 你的孩子不是你的，
> 他們是「生命」的子女，是生命自身的渴望。
> 他們經你而生，但非出自於你，
> 他們雖然和你在一起，卻不屬於你。
> 你可以給他們愛，但別把你的思想也給他們，
> 因爲他們有自己的思想。
> 你的房子可以供他們安身，但無法讓他們的靈魂安住，
> 因爲他們的靈魂住在明日之屋，
> 那裡你去不了，哪怕是在夢中。
> 你可以勉強自己變得像他們，但不要想讓他們變得像你。
> 因爲生命不會倒退，也不會駐足於昨日。[5]

---

5 卡伊勒‧紀伯倫著，張靈甫譯，《先知》，漢聲出版社，1974，頁28。

「你的孩子不是你的」，「我的孩子也不是我的」，「他的孩子也不是他的」，孩子不隸屬於任何大人，孩子擁有獨立自主的人格／位格，他們是「生命」的子女。子女透過父母的身體（生物學上的精卵結合）降生於這個世界（「經你而生」），但子女生命本質的來源卻不是來自於父母（「非出自於你」）。用亞里士多德的術語來說，父母提供子女質料因，但不是形式因。這是父母師長必須首先認識到的事實，尤其對東方或華人的父母師長而言，這是何等的震撼。我們可以給子女愛，可以提供房子和衣食讓他們安身，但關於思想和靈魂，他們天性嚮往自由，他們有自己的想法，這個部分是孩子從來都不想退讓的。紀伯倫早就看穿這點，說的直白：「因為他們的靈魂住在明日之屋，那裡你去不了，哪怕是在夢中。你可以勉強自己變得像他們，但不要想讓他們變得像你。」或許有些四、五年級生不服氣或不甘心，想想我們這一代是多麼乖巧聽話的孩子呀，不管聯考志願的選項、工作住家的選擇，甚至擇偶的條件，可能都某種程度向父母輩妥協或退讓，為何到了我們當父母時卻開始發現原來「我的孩子不是我的」。其實，真理一直沒變，始終都在，只是人們發現的晚，必須藉由像紀伯倫般的「先知」來傳達。

三、兒童哲學肯定兒童是天生的哲學家

　　除了肯定兒童的獨立自主人格（位格）外，兒童哲學還肯定「兒童是天生的哲學家」。綜觀西洋哲學史，除了亞里士多德在《尼各馬科倫理學》一書中，多次將「兒童」（children）和「禽獸」（brutes）連用並舉，[6]認為他們的理性尚未成熟，和禽獸處於同一階層，追求快樂，還未

---

[6] Aristotle, *Ethica Nicomachea*, tr. by W. D. Ross, Richard McKeon (ed.), *The Basic Works of Aristotle*(Chicago: University of Chicago, 1975), Book VI, 13. "For both children and brutes have the natural dispositions to these qualities, but without reason these are evidently hurtful." Book VII, 11. "Children and the brutes pursue pleasures." Book VII, 12. "The arguments based on the grounds that the temperate man avoids pleasure and that the man of practical wisdom pursues the painless life, and that children and

能接受理智的指導；年輕人（young men）由於生活經驗與歷練不足，雖然學習數學、幾何學無礙，但還不適於談論與學習政治學。雖不知亞里士多德所謂的「兒童」和「年輕人」的具體年齡段所指究爲何，但明顯地感受到他對「兒童」這一族群確有偏見。根據歷史學家的研究，歐洲各國在十六世紀以前，根本沒有「童年」這個觀念，在那個時代，兒童只是具體而微的成人。兒童的特殊性被承認，首推十七世紀捷克教育家夸米紐斯（John Amos Comenius, 1592～1670），他把兒童看成一個個體。英人紐伯瑞（John Newberry, 1713～1767）是第一個在他爲兒童出版的書頁中，寫上「娛樂」字眼的人。從此，成人承認孩子應享有童年；蒙特梭利（Dottoressa Marla Montessorl, 1870～1952）以醫學和生理學眼光來探究兒童心靈的奧祕，提倡獨立教育，並創辦兒童之家；皮亞傑（Jean Piaget, 1896～1980）以認知心理學的層次來開墾兒童心智上的沃土。這些「兒童中心」學說是尊重兒童的獨立自由性。二十世紀初，歐洲盛行一種「以兒童爲出發的教育學」，這是一種教育的改革運動。[7]不同於亞里士多德，當代哲學家則大多肯定「兒童」的特質。例如1951年，德國哲學家雅斯培（Karl Jaspers, 1883～1969）在《智慧之路》[8]（*Way to Wisdom: An Introduction to Philosophy*）一書中表示「兒童是天生的哲學家」，他也主張：「人之初就具有很好的哲學種子，小孩會用最簡單的問題去問宇宙大千、人情事故、一切的意義，那其實就是一種哲學的種子。」兒童開始說話後，就開始玩語言的遊戲，對感興趣的事物會持續不斷的發問、探索。多位古今中外的哲學家都有過類似「兒童是天生的哲學家」的說法，筆

---

the brutes pursue pleasure, are all refuted by the same consideration. ...now both the brutes and children pursue pleasures of the latter kind, ..."

Aristotle, *Ethica Nicomachea*, see http://classics.mit.edu/Aristotle/nicomachaen.html (access 05/11/2022).

[7] 潘小慧，《兒童哲學的理論與實務》，臺北：輔仁大學出版社，2008，頁33-34。潘小慧，《兒童哲學的理論與實踐》，桂林：廣西師範大學出版社，2020，頁22-23。

[8] 雅斯培著，周行之譯，《智慧之路》，臺北：志文出版社，1969。

者也曾以三則中國歷史記載及三則當代眞實故事[9]來佐證此一論點。以小兒品升爲例，小兒讀輔大附設幼兒園大班時，跟我說過：「阿祖（爸爸的祖母，是當時幼小的他經驗過最老的人）到底是誰生的？……到最後，就沒有誰（人）可以生了啊？！」哇！孩子眞的讓人驚豔。學齡前還不識字就已經會哲學思考了，雖然他無法準確說出「因果關係的序列不能無限後退」的哲學理由，但他已經自己完整論證不可以「人生人」這樣無止盡循環下去。[10]

　　也讓筆者想起2016年5月21日帶領的第九屆輔仁大學兒童哲學營一開始的「相見歡」環節。其中國小三年級組（按不同年齡層分爲三組）的主持大哥哥（我的大學部修課學生），問小朋友「你們知道什麼是哲學嗎？」有個小男生沒多久就不假思索說出：「哲學就是——有些話，你覺得很有道理；然後過了一百年之後，還是覺得很有道理。」哇！全場大人都驚呆了。沒有受過哲學洗禮的九歲男孩，竟然可以直觀地說出這麼深刻的話語。仔細推敲分析這段話，它指出哲學具有合理性以及不受時空限制的恆常性。如此看來，誰能否認兒童是天生的哲學家呢？

四、兒童哲學提出「童年哲學」的說法[11]

　　「兒童哲學」（Philosophy for Children）一詞條於2002年5月被收入於《史丹福哲學百科》（*The Stanford Encyclopedia of Philosophy*）[12]。「童年哲學」一詞條也於同年9月被收入，開篇即言：「童年哲學近來被

---

[9] 潘小慧，〈從「兒童是天生的哲學家」到「童年哲學」〉，《哲學與文化月刊》，48.2[561] (2021.2): 7-11(5-22)。

[10] 也因此，筆者後來將此兒童哲學對話發展成一篇專欄文章〈第一個人到底是怎麼來的呢？〉，《創價少年・哲學好好玩》，220(2020.6): 38-41。

[11] 此章部分內容取自潘小慧，〈從「兒童是天生的哲學家」到「童年哲學」〉，《哲學與文化月刊》，48.2[561](2021.2): 14-18(5-22)。

[12] *The Stanford Encyclopedia of Philosophy*, "Philosophy for Children", see https://plato.stanford.edu/entries/children/#Bib (access 28/2/2023).

視爲與科學哲學、歷史哲學、宗教哲學以及許多其他『哲學』學科相類似的研究領域，它被視爲與這些已經具有哲學研究合法領域的『哲學』學科相類似的學科。」[13]

受到李普曼的啓發，[14]馬修斯（Gareth B. Matthews, 1929～2011）於1994年出版《童年哲學》（*The Philosophy of Childhood*）一書，首度正式提出「童年哲學」一詞，將「童年」和「哲學」這兩件事連結在一起。甚至也在蒙特荷里約克學院（Mount Holyoke College），以「童年哲學」爲課程名稱開班授課。馬修斯不是突然生發出此一概念，他歷經撰寫出版《哲學與小孩》（*Philosophy & the Young Child*, 1980）、《與小孩對談》（*Dialogue with Children*, 1984）二書之後，逐漸發展出他對「童年哲學」比較清晰的想法。他在書中用十章的篇幅，[15]以哲學的方式闡述童年，闡述兒童的哲學潛能。他探索了孩子的思考方式，也反思了我們對孩子的想法，並試圖將童年與成年間的裂縫彌補起來。按馬修斯的說法，提出「童年哲學」的目的是什麼呢？

　　事實上是提出我自己的「童年哲學」，目的是希望爲「童年哲學」在未來的哲學教育中奠立一席之地，使它無論在學術研究、寫作或教學上，都成爲一個道道地地的工作領域。[16]

---

[13] *The Stanford Encyclopedia of Philosophy*, "The Philosophy of Childhood", see https://plato.stanford.edu/entries/childhood/#Bib (access 28/2/2023).

[14] 參見G. B.馬修斯著，王靈康譯，《童年哲學》，臺北：毛毛蟲，1998，頁10。

[15] 分別爲「哲學家眼中的童年」、「童年的理論與模型」、「皮亞傑與哲學」、「皮亞傑與守恆概念」、「道德發展」、「小孩的權利」、「童年的遺忘」、「童年與死亡」、「爲小孩寫的文學」、「兒童藝術」。

[16] 參見G. B.馬修斯著，王靈康譯，《童年哲學》，頁14。

　　「童年哲學」的提出，似乎是對於「成人哲學」的一種對比式觀照。以前沒有或不知道有所謂的「童年哲學」時，「哲學」似乎就等同於「成人哲學」，或是「成人哲學」的代名詞。一般人的直觀，也會以爲哲學就是哲學，何來「童年哲學」與「成人哲學」之分？像瑞士心理學者皮亞傑的認知發展理論相當知名，他就主張：「兒童是經歷一定階段而發達的，難行使哲學的思考。」在早期作品〈兒童哲學〉一文中，他說道：

　　毫無問題的，小孩子實際上並不會理出任何哲學。適當地說，因爲兒童並不設法將自己的思想編成系統。……所以，我們除了以隱喻的方式以外，不能說什麼兒童哲學。[17]

皮亞傑說「兒童並不設法將自己的思想編成系統」是可以接受的，就連成年人也未必如此，大概只有科學家、哲學家、學術工作者才總是「設法」將自己的思想編成系統。瑞士心理學家榮格（Carl Gustav Jung, 1875～1961）也說過：「童年，怎麼說都是個已經過去的狀態。小孩子的世界，是個理性之前的世界，更是個科學之前的世界，是從前人居住的世界。」[18]馬修斯以爲說小孩子的世界，是生活於科學之前的世界，甚至理性之前的世界，這種說法「太傲慢、太不妥當了」。[19]兒童既不與野獸同群，也不是「小大人」，他們就是「人」。筆者曾經指出這裡反映出兩點迷思以及需要兩點修正：「哲學是每一個有理性的人（包括兒童）的權利……探索人生重要課題，不僅是人（包括兒童—未來的公民）的能力，

[17] Carl Murchison(ed.), *A Handbook of Child Psychology*(Worcester, MA: Clark University Press, 1933), 2nd Rev. ed.中譯轉引自G. B.馬修斯著，楊茂秀譯，《哲學與小孩》，臺北：毛毛蟲，1998，頁97。

[18] C. G, Jung, *Psychology and Education* (Princeton: Princeton University Press, 1954), p.134.榮格此說與前文亞里士多德的「兒童」和「禽獸」運用說類似。

[19] 參見G. B.馬修斯著，王靈康譯，《童年哲學》，頁39。

且應是一項不可讓渡的基本權利」。[20]只要承認兒童是人，按照亞里士多德對人的本質定義，「人是有理性的動物」，不論個別具體的人是否每一個時刻都善用了他的理性，我們都不能剝奪其作為人「做哲學」或從事哲學思考的權利。甚至，既然人是有理性的動物，理性作為人之所以為人的本質，更該想方設法磨練人之理性才是。

李普曼曾建議我們做哲學工作者，應該提出以下這樣的問題：「怎樣才算是小孩子？」「小孩子想事情的方式和我們有什麼不同？」「幼小的孩子真的有能力為別人設想嗎？」……[21]如果按照國際上對「兒童」的定義為十八歲以下的未成年男女的話，那麼學齡前的幼兒和十六到十八歲的高中生，在身心各方面的發展一般而言是存在差異的，不是嗎？但是我們也別忽略，每一個年齡層也都有例外的可能，尤其在哲學思考的表現上。所以，將兒童的成長粗糙的以年齡來劃分階段，會不會也可能是一種偏見或扭曲？例如皮亞傑主張二到七歲的兒童屬於「前運思期」（Preoperational）的階段，此階段的特點是「已經能使用語言及符號等表徵外在事物，不具保留概念，不具可逆性，以自我為中心，能思維但不合邏輯，不能見及事物的全面性。」但筆者從網路影片〈巴西男童懇求別吃動物　媽媽哭了〉，[22]一個四歲巴西男童與媽媽的對話當中，發現男童已經會使用歸納法，也能進行簡單的定言三段推理，所得的結論命題說服了母親，還指導了男童的具體生活，顯示他可以真情實感地關懷非人存有的動物（影片故事情節是章魚）。[23]這就回應李普曼「幼小的孩子真的有能

---

[20]潘小慧，《兒童哲學的理論與實務》，頁12-14。潘小慧，《兒童哲學的理論與實踐》，頁7-9。

[21]參見G. B.馬修斯著，王靈康譯，《童年哲學》，頁11。

[22]影片〈巴西男童懇求別吃動物　媽媽哭了〉共2分30秒。發布者：素易。發布日期：2013年6月2日。網址：https://www.youtube.com/watch?v=N0gFbFcMKII（檢索日期：2022.11.05）

[23]潘小慧，〈兒童到底可不可能是真正的哲學家？—從周大觀及其詩集《我還有一隻腳》談起〉，《新兒童研究》，第1輯，頁81（73-81）。

力為別人設想嗎？」的問題了，的確有的孩子是可以做到的。[24]馬修斯也提過一個有趣的例子，如下：

> 六歲的怡安覺得忿忿不平。她發現，爸爸媽媽朋友的三個孩子在她家看電視，害她不能看她喜愛的節目。「媽媽，」她懊惱地問：「三個人自私，怎麼就比一個人自私好呢？」[25]

所有讀過哲學的人立刻會察覺，怡安的疑問已經觸碰到倫理學中效益主義的效益原則，三個人的快樂是否比一個人的快樂來得好或重要呢？馬修斯明白指出這是個「尖銳的哲學問題」，可不是原始哲學，也不是準哲學，也不是半哲學，是「真正的哲學」，是「專家學者在學術會議上談的哲學」。[26]此例除了關聯到倫理學和倫理判準之外，還真實反映了一般人處理類似個案的普遍做法：想當然耳地以為待客之道就是以客為尊，家裡小孩的意願不是直接忽略就是完全沒照顧到。如果追求公平正義是社會上基本的價值共識的話，那麼此例的做法是否符合公平正義？民主社會講究「少數服從多數，多數尊重少數」的原則在此例是否適用？此時，該被納入考慮的倫理關係人可能有四個小孩，一個是小主人，三個是小客人。三個小客人一致的意願是否就絕對壓倒一個小主人的意願？此時的「多數尊重少數」的「尊重」如何化為具體的抉擇與行動？具有兒童哲學精神的做法，傾向將問題的解決回歸到四個當事小孩身上，成人則應退到幕後，從

---

[24] 或許有人認為這只是少數的例外，以為絕大多數學齡前的孩子仍是情緒化、自我中心、不講理的。筆者並不是要否認此一普遍的歸納性研究觀察，也不是要全盤否定認知發展理論的貢獻，而是要提出反例來打破已有的成見或定見，藉此重新看待兒童、重估兒童的能力、重視兒童的思考面向，並規劃兒童哲學教育。

[25] 參見G. B.馬修斯著，楊茂秀譯，《哲學與小孩》，頁43。

[26] 參見G. B.馬修斯著，王靈康譯，《童年哲學》，頁49。

旁保持關心並觀看，僅須確保事件發展的合理性。由此例，我們看到一般成人「家長式」思維處事的盲點（此例反映出中西父母似乎沒有明顯差異），也提醒成人不可小覷孩子的敏銳心靈。

　　皮亞傑又主張七到十一歲的兒童屬於「具體運思期」（Concrete Operational）的階段，此階段的特點是能根據具體經驗思維解決問題，能使用具體物之操作來協助思考，能理解可逆性與守恆的道理。主張十一到十六歲的兒童進入「形式運思期」（Formal Operational），才開始會類推，有邏輯思維和抽象思維。但事實上，我們看到不少個別兒童已經超越了其年齡所屬的階段，達到更高階的思考。[27]筆者曾以周大觀（1987～1997）及其生病期間所創作的詩集《我還有一隻腳》[28]為考察重點，探究「兒童到底可不可能是真正的哲學家？」此一議題，最終肯定其作品及人品所呈現的生命態度與思考，的確具有普遍真理，據此肯定這本詩集的哲學性以及哲學價值，並主張兒童可以是真正的哲學家。[29]

　　每一個人作為精神和肉體的複合實體，其心靈或精神，都包括（理）知、情（感）、意（志）三個面向，兒童亦然。相較於其他領域，哲學特別關注理性的面向，即使兒童的哲學思考不是一個孩子在他童年時期最重要的特色，或者說不是占據他童年時期最多最大的部分，但也都不應該忽略它的存在。哲學家、哲學教授或哲學工作者，如果一生致力於研究哲學上種種大哉問的話，馬修斯對這些人就有如下建議，他說：

　　　專業哲學工作者能作的，是採集兒童哲學思考的例證，將

----

[27]馬修斯批判皮亞傑的認知發展階段理論，筆者雖然基本上認同，但仍需肯定皮亞傑的理論對於不同年齡孩童的課程設計有其參考意義。也就是說，在兒童哲學的教學實踐上，發展階段理論的成果可以協助教師制定合理的課程主題和目標，以及選取適當的教材。

[28]周大觀，《我還有一隻腳》，臺北：遠流出版社，1997。

[29]潘小慧，〈兒童到底可不可能是真正的哲學家？—從周大觀及其詩集《我還有一隻腳》談起〉，《新兒童研究》，第1輯，頁73-81。

這些童稚的思想與哲學思想的淵源連繫起來，協助家長和
老師發現孩子的哲學，尊重他們的哲學，乃至於適時參與
並給予鼓勵。[30]

這段話完全符合兒童哲學的三種意涵，既認識與意識到兒童的思維特性，
尊重並欣賞兒童的創意與表現（發現孩子的哲學，尊重他們的哲學）；
願意花時間和精力陪伴兒童一起從事哲學思考活動（適時參與並給予鼓
勵）；靈活運用並開發適當教材教法，引導兒童從事哲學思考活動（採集
兒童哲學思考的例證，將這些童稚的思想與哲學思想的淵源連繫起來）。
童年哲學和兒童哲學有相容並互補的作用。

五、兒童哲學實踐的意義在於生命顯揚 —— 遇見赤子童心的真我

　　既然當代哲學思潮已經承認有所謂的童年哲學，那麼童年哲學和成人
哲學的關係為何？童年哲學對於成人哲學的意義是什麼？童年哲學是否作
為「前」成人哲學而補充了成人哲學？然而，哲學是否有年齡之別？一個
成熟的哲學或哲學理論跟提出的哲學家的年齡有關嗎？

　　上文已經給出了一些說明或證明。以成人為標準並且側重人的理性
自主，以「童年缺陷概念」（deficit conception of childhood）[31]來描繪兒
童，如此一來，便易導致或誤以為兒童生活在「前」理性的世界中。必須
指出：成熟假設是錯誤的，年齡階段說也是有偏差或扭曲的。哲學既不是
認知成熟後才能從事的活動，也不是一種不需認知成熟後才能從事的活
動。如果哲學是認知成熟後才能從事的活動，那麼哲學就不是兒童自然而
然會做的事，我們也就不需鼓勵兒童從事哲學思考了。應該說，哲學就是

[30]參見G. B.馬修斯著，王靈康譯，《童年哲學》，頁53。
[31]同註16。

哲學,沒有所謂半哲學或半調子的哲學(半哲學,說穿了其實就是不合格的哲學)。嚴格說來,哲學並無年齡之別,一個成熟的哲學或哲學理論跟提出的哲學家年齡也沒有必然關聯。由於幾乎大多數的成人都遺忘了童年,[32]特別是童年曾有的哲思,因此,童年哲學並不是作為「前」成人哲學而補充了成人哲學。就個別的人而言,如果能將十八歲之前的童年哲學如實記錄,[33]那麼就能跟十八歲之後的成人哲學形成一具有連續性意義的思想,彌補其間的斷裂。童年哲學和成人哲學因而形成一有機的關係。就整體而言,就算是不同個體的人,我雖遺忘了我的童年,但別人故事的童年哲學仍然在某種意義下可以激發我,甚至療癒我,讓我的(成人)哲學也有了多元豐富的互動與迴盪。就像筆者看到莎拉「第一跳蚤」的哲思,筆者也被激發憶起了筆者「第一媽媽」的哲思一樣,[34]也同時連結筆者大學時代習得的因果序列之原則。

　　童年的遺忘是中西歷史文化的弊病,表面上我們似乎愛護兒童、關愛兒童,實則忽略兒童和童年,忽略了童年在人生中的價值,兒童觀和童年觀都尚待完整建構。我們太急於讓兒童「長大成人」,忘記「兒童／童年本身即是目的」這一命題。固然我們的中華儒家文化高舉「學以成人」(learning to be human)[35],但此「成人」並非「成為(十八歲以上的)大人」(adult),而是「成為真正的人」、「成為整全的人」(a holistic person)。而兒童本身即是人,只在世上活十歲的周大觀,其德行圓滿無缺,已經活出一個人應有的生命並成為真正的人,也彰顯了「兒童／童年本身即是目的」。人不因為年滿十八歲就「成人」(「成為整全的人」),有些成人的生活是不及他們自己童年生活的,有些成人的生活是

---

[32] 參見G. B.馬修斯著,王靈康譯,《童年哲學》,第七章,頁113-123。
[33] 也因此,筆者鼓勵家長除了記錄孩子身體或成績的成長外,更要關注甚至記錄孩子的哲思成長,親子合作完成孩子童年哲學的第一手資料。
[34] 潘小慧,《兒童哲學的理論與實務》,頁13-14。潘小慧,《兒童哲學的理論與實踐》,頁8-9。
[35] 第24屆世界哲學大會主題,2018.08.13-20在北京舉行,超過7000人與會。

不及他人的童年生活的，更遑論超越。作為發展中的兒童固然應向成人學習，成人所具有的精密、嚴格和歷史性是兒童難以達致的，[36]與此同時，兒童所特有的好奇心、純眞與直觀也是值得成人向他們學習。既然成人並不一定優於兒童，成人就不應自以為是的只想要指導和教導兒童，以為兒童必須向成人學習；其實成人也應虛心地向兒童學習，就像老年人應當和年輕人互相學習一樣（「青銀共學」的概念）。李普曼、馬修斯等前輩所領銜的兒童哲學和童年哲學所致力的兒童觀的進步，不只是為了解放兒童，而且是為了成人自身的解放，是所有普羅大眾的解放。馬修斯說的好：

> 小孩也是人，「人」在道德上與智性上該受到的尊重，他們都該享有。他們應該以小孩子的身分受到尊重，也應該以他們未來的身分受到尊重。我們可以向他們學習，讓兒童充實我們的生活，一如他們可以向我們學習，讓我們充實他們的生活。[37]

中國哲學也有類似的理念，《道德經・二十八章》言：「常德不離，復歸於嬰兒。……知其榮，守其辱，為天下谷，常德乃足，復歸於樸。」老子闡明永恆的德（常德）在於能知能守，最終能達到如嬰兒般的天眞自然純眞的狀態（復歸於嬰兒）。《道德經・四十九章》又言：「聖人皆孩之。」闡明聖人教育人們，就是使得老百姓都像嬰孩那般單純質樸（復歸於樸）。「嬰兒」、「孩」或「赤子」，並不是具象地指出年齡小，而是一種精神象徵，都象徵純眞自然的天性、無利害得失的計算，最符合老子道德的理想。這種生命狀態，也正是老子所提倡的「滌除玄覽」[38]所需要

---

[36] 參見G. B.馬修斯著，王靈康譯，《童年哲學》，頁170。

[37] 參見G. B.馬修斯著，王靈康譯，《童年哲學》，第十章，頁169-170。

[38] 《道德經・十章》。

達到的精神狀態。明代的李贄（1527～1602）、袁宏道（1568～1610）等思想家就多次讚美赤子、稚子出於自然之天眞，以爲最符合審美的要求。例如李贄著名的〈童心說〉指出：

> 夫童心者，眞心也。若以童心爲不可，是以眞心爲不可也。夫童心者，絕假純眞，最初一念之本心也。若失卻童心，便失卻眞心；失卻眞心，便失卻眞人。[39]

兒童，拉開人生的序幕；童心，絕假純眞的那顆初心，則是心靈的本源。擁有童心的人，對世界充滿好奇，眞誠地待人接物，不自欺欺人。吾人所嚮往的「眞人」境界，唯具童心的兒童才能眞實擁有。李贄也十分肯定「天下之至文，未有不出於童心焉者也。」[40]他認爲未受世俗薰染的「童心」，也是人類的「初心」，據此，初心反而更能認識眞正的道理。[41]英國浪漫詩人華茲華斯（William Wordsworth, 1710～1850）有句發人深省的名言——「孩童是成人的父親」，[42]他又說「歡樂和自由，是童年時代的純眞信念」。在華茲華斯看來，童心是神聖的，它使孩子更加接近宇宙自然之道。哲學始終從「認識自己」開始，什麼樣的自己才是眞實的自己？可能是一輩子的功課。人生不論走到何種階段、何種年齡，內心總住有一個小孩，這個小孩不斷提醒自己傾聽「內在的聲音」，直觀、質

---

[39] 明・李贄，《李氏焚書・續焚書》，京都：中文出版社，1972，頁117。

[40] 明・李贄，《李氏焚書・續焚書》，頁118。

[41] 尤煌傑，〈從「想像力」探究兒童哲學的價值〉，《哲學與文化月刊》，48.2[561](2021.2):75(65-78)。

[42] William Wordsworth, *Ode: Intimations of Immortality from Recollections of Early Childhood:* The child is father of the man; / And I could wish my days to be / Bound each to each by natural piety. (Wordsworth, "My Heart Leaps Up") https://www.poetryfoundation.org/poems/45536/ode-intimations-of-immortality-from-recollections-of-early-childhood(Retrieved 2022.12.23).

樸、初心、眞心均屬之。「復歸」一詞亦然，不單意指「最終的回歸」，更是始終／時刻提醒著我，人要以「嬰兒之樸」爲圭臬或依歸。[43]也因此，我們必須說，哲學思考是要向孩童學習的，唯有孩童才保有人性的純眞與樸實。

　　回顧兒童哲學實踐的歷程，其實就是吾人不斷返回童心／眞心／初心──遇見眞我的歷程或旅程。

參考文獻

《道德經》。

明・李贄，《李氏焚書・續焚書》，京都：中文出版社，1972，頁117。

周大觀，《我還有一隻腳》，臺北：遠流出版社，1997。

苗力田譯，《形而上學》，苗力田主編，《亞里士多德全集》第七卷，北京：中國人民大學出版社，1993。

雅斯培，《智慧之路》，周行之譯，臺北：志文出版社，1969。

素易發佈，影片〈巴西男童懇求別吃動物　媽媽哭了〉，https://www.youtube.com/watch?v=N0gFbFcMKII（檢索於2022.11.05）

潘小慧、高振宇主編，《中國思想文化與兒童哲學的本土實踐專題》，《哲學與文化月刊》49.10[581](2022.10)。

潘小慧，〈兒童到底可不可能是真正的哲學家？──從周大觀及其詩集《我還有一隻腳》談起〉，《新兒童研究》第1輯，桂林：廣西師範大學出版社，2020，頁73-81。

潘小慧，《兒童哲學的理論與實務》，臺北：輔仁大學出版社，2008。

潘小慧，《兒童哲學的理論與實踐》，桂林：廣西師範大學出版社，2020。

潘小慧，〈第一個人到底是怎麼來的呢？〉，《創價少年・哲學好好玩》220(2020.6): 38-41。

黎建球，〈哲學諮商20年〉，《哲學與文化月刊》49.12[583](2022.12): 6(5-22)。

"Philosophy for Children," in *The Stanford Encyclopedia of Philosophy*. See: https://plato.

---

[43] 回應會議上李賢中教授的提問：「兒童哲學對於老子『復歸於嬰兒』中所謂的『復歸』是否有涉及對於『兒童』所應值得學習的價值，如：純真、直觀、真心、初心等兒童觀的建立。」

stanford.edu/entries/children/#Bib (Retrieved 2023.2.28).

"The Philosophy of Childhood," in *The Stanford Encyclopedia of Philosophy*. See: https://plato.stanford.edu/entries/childhood/#Bib (Retrieved 2023.2.28).

Aristotle. *Ethica Nicomachea*. Trans. by W. D. Ross. In *The Basic Works of Aristotle*. Ed. by Richard McKeon. Chicago: University of Chicago, 1975.

Aristotle. *Ethica Nicomachea*. See: http://classics.mit.edu/Aristotle/nicomachaen.html (Retrieved 2022.11.05).

G. B.馬修斯，《哲學與小孩》，楊茂秀譯，臺北：財團法人毛毛蟲兒童哲學基金會，1998。

G. B.馬修斯，《童年哲學》，王靈康譯，臺北：財團法人毛毛蟲兒童哲學基金會，1998。

Jung, C. G. *Psychology and Education*. Princeton: Princeton University Press, 1954.

Murchison, Carl (Ed.). *A Handbook of Child Psychology*. 2nd Rev. ed. Worcester, MA: Clark University Press, 1933.

臺灣哲學諮商發展與黎建球哲學實踐

呂健吉

臺灣哲學諮學會理事長

摘要

　　哲學諮商始於德國哲學家阿肯巴哈於1982年創立哲學實踐工作者的組織「德國哲學執業學會」，筆者並以「哲學諮商員」從事諮商活動，開始讓哲學諮商引人注目。之後英國倫敦大學哲學博士馬瑞諾夫出版「柏拉圖靈丹」並兼任美國哲學諮商學會長，訓練諮商師讓哲學諮商在英美成為普及哲學，不再視哲學為艱深難懂而是與生活息息相關。同樣是德國出生的哲學家彼得、拉比，受到阿肯巴哈的影響，開始關注到哲學諮商，並在其居住地加拿大積極推廣哲學諮商。在美國的伊利特柯恩也創辦「美國哲學諮商與心理治療協會」，並發表多本哲學諮商的著作。

　　相較歐美哲學諮商的發展，臺灣則到二十一世紀初才開始，其最主要推動者為黎建球教授。黎建球早年就以其著作「人生哲學」一書顯現出其對人之生命關懷，在偶然機會讀到彼得・拉比（Peter Raabe）的《Philosoohica counseling》一書，即開始對哲學諮商的研究與推動，並轉化為哲學實踐。本文即是從哲學諮商在臺灣發展和黎建球哲學實踐兩方面做為主要論述。

關鍵字：哲學諮商、黎建球、臺灣哲學諮商學會，哲學實踐

一、臺灣哲學諮商發展

臺灣引進哲學諮商是從大學課程教學開始，主要是輔仁大學哲學系及華梵大學哲學系的課程讓臺灣從學術開始接觸哲學諮商的領域。跟歐美各國之哲學諮商發展是從個人的私人機構與組織開始，有很大的不同。

其主要差別是臺灣諮商輔導專業領域，是屬於專業證照，以心理、諮商與社工專業科系為主的國家專業考試取證，因此涉及「諮商」二字就容易被這些以證照為主流者所影響，不容許其他領域可以像國外以學會方式取得認證成為諮商師。同時，在傳統哲學科系中也有同樣有心態者，認為這是非哲學專業亦難以把諮商納入到哲學領域中。所幸在黎建球和筆者在大學系所推動下，讓哲學諮商成為正式哲學系一門課程，並且在黎建球積極落實其哲學實踐之理念過程中，組織成立正式民間學術機構「臺灣哲學諮商學會」，終於讓哲學諮商在臺灣的學術界逐漸獲得認肯。

簡言之，臺灣的哲學諮商在大學課程和學程的設立下，逐漸從純學術領域發展到哲學諮商師的認證並走進社會，成為哲學實踐助人工作的目標。

以下就兩個方面來探討：

㈠哲學諮商在大專院校與學術發展

臺灣哲學諮商的發展一開始主要是透過大學相關科系的課程來推動，雖然傳統心理或諮商輔導學系會開設諮商倫理學、意義治療、存在主義與諮商等與哲學有些相關的課程，但真正以哲學諮商為課名的還是在華梵哲學系和輔仁哲學系為先，這也是哲學諮商學會成員會以輔大和華梵為主的因素之一。

哲學諮商課程之所以能夠在哲學系開課，主要是臺灣各大學哲學系的招生日益困難，一股想要哲學能夠應用於實際生活的趨勢也在此壓力下形成，因此哲學諮商就順理成章的在有心發展應用哲學或哲學實踐的大學哲學系所誕生。

　　當初哲學諮商的課程由黎建球和呂健吉分別在輔仁大學和華梵大學開設，一開始只是哲學系的課程之一，純為兩位教師之興趣，主要是想將哲學與諮商結合相互應用，起初只是把此課程視為學術理論的介紹和探究，尚未有將哲學諮商發展成獨立的哲學諮商師專業證照構想。

　　在國外哲學諮商的專業著作相繼在臺灣翻譯後，哲學諮商的理論基礎愈為哲學系相關教師所注意，國內有興趣於哲學諮商研究與推廣者也相繼在相關科系中開課。

　　輔仁大學在黎建球教授擔任系主任期間，對哲學系規劃出整體課程教學方案，將哲學諮商直接納入到大三應用哲學的學群之一。黎建球表示：由於哲學諮商學群是臺灣各大學哲學系首開的課，不但引起許多人的興趣，也引起眾多關注，認為如果哲學諮商真的可以發展出來，哲學的實際應用就又多了一個層面，或可說有了一個更有效的助人方法。[1]

　　要在哲學系開設哲學諮商課程並不容易，由於這是新的課程，且屬於應用哲學類，一些以傳統哲學或歐美哲學為主的哲學系，不認為有需要開設應用哲學類課程，因此在沒有招生壓力的國立大學就沒有教師有興趣或願意去開設此類課程。但是在有招生壓力的私立大學哲學系受到黎建球在輔仁大學開設哲學諮商課群的影響下，一些其他大專院校的相關學系老師也陸續開設哲學諮商的相關課程。其中大部分還是與黎建球或輔仁大學有互動關係的教師為多，開始嘗試去開設此類的課程，如文化大學、佛光大學、長榮大學、南華大學和真理大學等。

　　最初哲學諮商課程通常都是一學期或一學年只開一門，並未以學程或課群的方式有計畫的來開設，學生主要以興趣為主，象徵性的在畢業前修個哲學諮商的課程而已，對哲學諮商也只有粗淺的認識，並無法達到專業應用的能力，這也是哲學諮商在臺灣哲學系發展的困境。

　　2009年於輔仁大學文學院成立哲學諮商與輔導學分學程，由哲學系、

---

[1] 黎建球，《哲學與諮商論文集》，臺北：輔大出版社，2019，頁110。

臨床心理學系、心理學系共同開設課程，這是國內大學中首次以跨領域科系所共同開設的哲學諮商學程。雖然，華梵哲學系在個人努力下，於2016年設立哲學諮商學程，不僅哲學系可以選修，也供外系來選修，只要修滿學程的二十個學分以上，就頒給學程證明，以提高哲學諮商的專業能力。很可惜的是，華梵哲學系於四年前（2018年）不再招生，只剩輔仁大學仍然維持著哲學諮商學分學程的發展，成為臺灣有計畫開設哲學諮商應用專業能力的科系。直到今年，政治大學哲學系也開設照顧哲學學分學程，開始關注到哲學實踐與應用哲學以跨科系課程選讀的方式來設計（表2-1）。

表2-1　臺灣大專院校內開設的哲學諮商課程

年份	個人或單位名稱	事由
2002～2018	華梵大學	哲學系開設哲學諮商課程並於2016年設立哲學諮商學程。
2003～2022	輔仁大學	哲學系開設哲學諮商課程，並於大三應用哲學分中設立哲學諮商學群。2009年於文學院成立哲學諮商與輔導學分學程，由哲學系、臨床心理學系、心理學系共同開設課程。
2007～2022	東海大學、東華大學、佛光大學、南華大學、真理大學、臺北藝術大學、長榮大學、國立藝術大學等	哲學系或心理相關學系中設立有關哲學諮商的課程。
2022	政治大學	哲學系開設照顧哲學分學程。

為了積極發展臺灣哲學諮商的學術研究，輔仁大學和華梵大學除了以課群和學程來推動外，也相繼舉辦學術論文研討會，邀請國內外學者發表論文，至目前為止有關哲學諮商的相關學術論文也近百篇。早期以西方哲學諮商理論為主；近年來，國內哲學諮商理論研究則已加入中國哲學和佛學理論，將哲學諮商賦予本土化的理論基礎，其中有關老莊哲學運用於哲

學諮商中的研究更爲顯著。佛光大學佛學系在郭朝順教授的推動下也展開佛學心理諮商的對話，在哲學諮商中是否另闢一門佛學諮商之路也是可期待的。

　　至於碩博士論文研究方面，以哲學諮商爲題目或關鍵字的論文有四十四篇，其中輔大哲學研究所的碩博士論文近三十篇，並以黎建球教授指導居多，可見得輔大是推動哲學諮商的主力，其次則是華梵大學。今彙整如表2-2：

表2-2　哲學諮商碩博士論文彙整[2]

序號	論文名稱	學校名稱	系所	研究生	指導教授	學位	年代
1	用哲學諮商方法論兩性關係	輔仁大學	哲學研究所	蘇嫈雰	黎建球	博士	94
2	愛的哲學——從柏拉圖的愛到亞里士多德的友愛	輔仁大學	哲學研究所	陳俊宇	鄔昆如	碩士	94
3	哲學諮商理論及其在教育上的應用	臺師大	教育學系	楊淑婷	林逢祺	碩士	95
4	以《論語》的「仁」做為操作哲學諮商內涵之探討	輔仁大學	哲學研究所	洪美鳳	黎建球	碩士	96
5	動力精神醫學的哲學諮商研究——以洞察力為主要陳述	輔仁大學	哲學研究所	陳麗娟	黎建球	碩士	96

---

[2] 參考國家圖書館臺灣碩博士論文加值系統，以「哲學諮商」之關鍵字彙整有四十四篇，以哲學諮商為題目的則有三十篇，https://ndltd.ncl.edu.tw/cgi-bin/gs32/gsweb.cgi/ccd=vB25Gn/search#result(檢索日期2023.1.4)

序號	論文名稱	學校名稱	系所	研究生	指導教授	學位	年代
6	以幸福為目的的哲學諮商——從亞里士多德《尼各馬科倫理學》第一卷談起	輔仁大學	哲學研究所	周宛宣	黎建球	碩士	96
7	敘事理論之哲學諮商應用——呂格爾《時間與敘事》研究	輔仁大學	哲學研究所	陳若吟	黎建球	碩士	97
8	以莊子〔生死智慧〕觀化生死問題之研究	佛光大學	哲學系	鍾耀寧	許鶴齡	碩士	97
9	「意志」之於諮商師的道德勇氣：以奧斯定《論自由意志》為例	輔仁大學	哲學研究所	陳晴晏	黎建球	碩士	97
10	作為價值引領的哲學諮商	輔仁大學	哲學研究所	陳宏一	黎建球	碩士	98
11	析論《莊子》之「靈動」——以心齋、坐忘為核心	輔仁大學	哲學研究所	楊莉貞	黎建球	碩士	98
12	《先秦儒家哲學諮商論》	輔仁大學	哲學研究所	黃敏郎	黎建球	博士	99
13	靈魂研究對哲學諮商之重要性	中央大學	哲學研究所	湯舒倪	馮滬祥	碩士	100
14	以馬賽爾劇作中的角色論「自我認同」——以《破碎的世界》劇為例	輔仁大學	哲學系	陳雅惠	黎建球	碩士	101

序號	論文名稱	學校名稱	系所	研究生	指導教授	學位	年代
15	從《雜阿含經》看臨終關懷——以佛教諮商為核心	華梵大學	哲學系碩士班	張漢威	呂健吉	碩士	101
16	從儒家經典與我的知行反映中體悟助人與諮商之道	輔仁大學	心理學系	王行	翁開誠	博士	101
17	論音樂的超越性與哲學諮商方法CISA法的交融意涵	輔仁大學	哲學系	吳依穎	黎建球	碩士	102
18	《中庸》「誠」在品德教育上的應用	輔仁大學	哲學系	劉慧琴	黎建球	碩士	102
19	論教師提早退休困境及其療癒——以莊子思想為路徑	輔仁大學	哲學系碩士在職專班	馮肅靜	黎建球	碩士	102
20	當代哲學諮商的實踐研究	輔仁大學	哲學系	高毓智	黎建球	博士	103
21	從哲學諮商探討兒童之分享行為	華梵大學	哲學系碩士班	黃淑玲	呂健吉	碩士	103
22	由孟子之感性與理性的融合看哲學諮商	輔仁大學	哲學系碩士在職專班	李密麗	黎建球	碩士	104
23	愛的覺察與哲學諮商C.I.S.A法實踐	輔仁大學	哲學系	尤恬	黎建球 邱建碩	碩士	104
24	C.I.S.A.法在「黑夜」中的詮釋與應用	輔仁大學	宗教學系	何艷姍	黎建球	碩士	104

序號	論文名稱	學校名稱	系所	研究生	指導教授	學位	年代
25	《黃帝內經·素問》中的「心」、「神」觀與哲學性的諮商	輔仁大學	哲學系	林惠君	陳福濱	碩士	104
26	哲學諮商如何助人實踐幸福：療癒心靈的三種妙方	華梵大學	哲學系碩士班	郭士瑛	陳振崑	碩士	105
27	生命與敘事的循環——呂格爾詮釋學與諮商方法之研究	輔仁大學	哲學系	陳若吟	黎建球 黃筱慧	博士	105
28	《老子》的自然思想之研究	輔仁大學	哲學系碩士在職專班	余秀芬	陳福濱	碩士	105
29	論哲學諮商中互為主體性之關係——以懷德海歷程哲學為基礎	輔仁大學	哲學系碩士班	蕭宗翊	黎建球 邱建碩	碩士	106
30	論多瑪斯仁愛（Caritas）於哲學諮商的意義與價值	輔仁大學	哲學系	朱慧敏	潘小慧	碩士	106
31	哲學於意義療法與哲學諮商的理論與應用	輔仁大學	哲學系	葉可歆	鄺芷人	碩士	106
32	論哲學諮商在地化——心理治療的批判	南華大學	生死學系哲學與生命教育碩士班	徐君國	陳士誠	碩士	106
33	存在哲學諮商之探討——以歐文·亞隆為例	中央大學	哲學研究所	徐瑄憶	孫雲平	碩士	106

序號	論文名稱	學校名稱	系所	研究生	指導教授	學位	年代
34	黎建球哲學諮商與賀伯特的聽析理論對比分析	華梵大學	哲學系碩士班	鍾錦婷	陳振崑	碩士	106
35	《楞嚴經》諮商理論與實務之探究	華梵大學	東方人文思想研究所	吳絮薇	李治華	碩士	106
36	從尼采「怨恨」概念——探討協談專線個案的內在價值觀	輔仁大學	哲學系碩士在職專班	林子淳	黎建球邱建碩	碩士	106
37	論莊子生命哲學對輔導工作的啟發——以專任輔導教師為例	南華大學	生死學系哲學與生命教育碩士班	林孟秀	陳德和	碩士	106
38	論哲學諮商融於生命教育之可能	輔仁大學	哲學系	鄭宇璇	黎建球邱建碩	碩士	107
39	哲學諮商與命理諮詢之對話——以紫微斗數為例	華梵大學	哲學系碩士班	呂泰興	游惠瑜	碩士	107
40	《周易》占卜與哲學諮商療癒關係	雲科大	漢學應用研究所	張修竹	吳進安	碩士	109
41	「負責任的自由人」的生命實踐——彼得・杜拉克人學與哲學諮商	輔仁大學	哲學系	馬樹林	黎建球／邱建碩	博士	109
42	朱熹與王陽明「心性學」的哲學諮商蘊含	輔仁大學	中國文學系	黃立森	曾昭旭	博士	109

序號	論文名稱	學校名稱	系所	研究生	指導教授	學位	年代
43	諮商之運作思維——以佛教哲理的應用為中心	雲科大	漢學應用研究所	塗文鳳	吳進安	碩士	110
44	自我與存有——論羅洛·梅的存在心理治療	輔仁大學	哲學研究所	高浩容	尤煌傑	博士	110

　　從上述彙整的表格中很清楚的可以了解到，2005年才有第一篇以哲學諮商為題目的碩博士論文，其指導教授為黎建球，這可以直接說明黎建球教授對哲學諮商的研究和推廣有關。至於在碩博士論文題目的研究方向，可以發現到大致上有幾個類型：

1.哲學諮商和西方哲學的連結。

2.諮學諮商與中國哲學的連結。

3.哲學諮商與心理治療的連結。

4.哲學諮商與教育的連結。

5.哲學諮商與佛學的連結。

6.哲學諮商本身理論與方法的探討。

7.哲學諮商和生活的連結。

　　就上述的論文研究類型來看，哲學諮商的運用相當廣泛，是在臺灣值得繼續探討的學術方向，雖然有些國立大學哲學系教授已開始關注哲學諮商這個議題，並也在一些學術研討會跟期刊發表論文，只可惜在國立大學的哲學系中仍未見一篇與哲學諮商相關研究碩博士論文，這是臺灣推廣哲學諮商的研究，值得再努力的方向。

　　另外，在學術期刊方面，從國家圖書館的期刊文獻資訊網中以哲學諮商為關鍵字的檢索總共有六十三篇期刊論文以哲學諮商為主[3]，其中由輔

---

[3] 參考國家圖書館期刊文獻資訊網，以「哲學諮商」之關鍵字檢索彙整，https://tpl.ncl.edu.tw/

仁大學出版主編的《哲學與文化》則有五十三篇，並且有幾期是以哲學諮商為主題的特輯，在這些特輯中除了邀請國內學者發表之外，也邀請國外學者一起參與，讓哲學諮商的學術研究更上層樓，加深了哲學諮商的廣度與深度，同時，增加臺灣哲學諮商研究的國際性。

(二)臺灣哲學諮商學會的設立與發展

　　臺灣哲學諮商學會由輔仁大學黎建球教授推動，經籌備一年後，於2011年10月15日申請設立為非營利目的之社會團體。旨在實踐哲學於日常生活中，實現哲學自助助人的目標，促進哲學諮商理論與實務專業發展為設立宗旨。

　　臺灣哲學諮商學會的成立仍舊要歸功於黎建球教授，他在學會未成立之前就舉辦了多次為期兩天的柏拉圖天空的工作坊，接著舉辦哲學諮商工作坊，也成立哲學諮商研究會，舉辦了許多訓練課程，並透過輔仁大學邀請了美國馬瑞諾夫（Lou Marinoff）、加拿大彼得・拉比（Peter B Raabe）、以色列蘇斯特（Shlomit C Schuster）、美國艾略特・柯恩（Elliot D. Cohen）來臺專題演講並開設培訓課程。

　　在這些前期活動的努力下，黎建球教授邀請了三十幾位學者一起成立臺灣哲學諮商學會，黎建球並擔任創會理事長，在其擔任理事長期間更是積極請國外學者美國艾略特・柯恩（Elliot D. Cohen）來臺舉辦邏輯基礎療法初級認證工作坊，讓臺灣有志於從事哲學諮商助人工作者，有更深厚的實務基礎。黎建球教授接任兩屆理事長，許鶴齡教授則接任第三屆理事長，目前則由呂健吉接任第四屆理事長。

NclService/JournalContent?q%5B0%5D.i=%E5%93%B2%E5%AD%B8%E8%AB%AE%E5%95%86&q%5B0%5D.f=*&q%5B1%5D.o=0&q%5B1%5D.i=&q%5B1%5D.f=*&lang=&pys=&pms=&pye=&pme=（檢索日期2023.1.4）

　　臺灣哲學諮商學會發展已有十年之久，從表2-3彙整中可以得知臺灣哲學諮商學會以哲學諮商師的培訓與認證為主要工作項目；其次則在於學術活動推廣，藉此讓哲學諮商的理論研究得以在大學中獲得重視與更進一步讓臺灣學者參與和討論；第三，國際交流，除了邀請歐美哲學諮商學者或專業人士來臺授課、開設工作坊之外，並也藉此讓國際哲學諮商機構來臺提供認證課程，讓臺灣有志於哲學諮商專業工作者得以獲得國際認證，同時，也和韓國、大陸等大學進行多次學術交流，讓這些國家看到臺灣在哲學諮商的發展現況與研究結果；第四，社會服務與推廣，將哲學諮商的助人工作直接落實於安養中心、長照據點，同時也在疫情期間透過線上諮詢提供哲學諮商的服務，並且也不定時舉辦工作坊、讀書會，讓有興趣哲學諮商者一起參與。

表2-3　臺灣哲學諮商學會歷年來的重要紀事（2011～2022）[4]

2011年　十月正式成立臺灣哲學諮商學會，以促進哲學諮商理論與實務發展為宗旨。由黎建球擔任第一屆理事長。 同年邀請以色列蘇斯特（Shlomit C Schuster）來臺主持哲學諮商工作坊培訓課程。
2012年　七月與韓國江原大學合辦「XI-ICPP & HT2012」。 邀請美國艾略特・柯恩（Elliot D. Cohen）來臺主持哲學諮商工作坊培訓課程。
2013年　臺北辦公室揭幕儀式及授證儀式：授證給創始諮商師、創始督導、創始高級講師。 與華梵大學哲學系合辦哲學諮商與實踐智慧學術研討會。
2014年　第一期哲學諮商培訓課程，培訓12位實習諮商師。 邀請美國Elliot D. Cohen來臺舉辦邏輯基礎療法初級認證工作坊。 黎建球連任第二屆理事長。 韓國江原大學人文科學研究所與輔仁大學哲學系、中國哲學會與臺灣哲學諮商學會合辦「第一屆韓國——臺灣人文療癒國際研討會」。半年後黎建球理事長率領團隊赴韓國江原大學參與「第二屆韓國臺灣人文療癒國際研討會」。

---

[4] 本表格內容摘自臺灣哲學諮商學會網站https://twpcaservice.wixsite.com/twpca (檢索日期2023.1.4)，由祕書長陳靜姿彙整提供相關資料。

2015年　舉辦邏輯基礎療法（LBT）基礎能力培訓認證課程與讀書會。

邀請美國Elliot D. Cohen來臺舉辦邏輯基礎療法（LBT）初級認證工作坊。

第二期哲學諮商培訓課程，培訓十位實習諮商師。

與韓國江原大學人文科學研究所、輔仁大學哲學系合辦「第三屆韓國——臺灣人文療癒國際研討會」。

與輔大哲學系合作至頤苑安養中心進行「生命敘事與歷史傳承哲學諮商服務」。

2016年　黎建球理事長率團赴韓國江原大學參與合辦之「第四屆臺灣韓國人文療癒國際研討會」。

與法國在臺協會及輔大哲學系合作邀請法國哲學家奧斯卡・柏尼菲（Oscar Brenifier）來臺舉辦哲學諮商工作坊、兒童哲學討論工作坊、哲學實踐的發展及人才培育座談會。

2017年　許鶴齡教授擔任第三屆理事長，黎建球為榮譽理事長。

辦理第三、四期哲學諮商培訓課程。

辦理日托2.0據點服務，將哲學助人工作延伸至長輩生命關懷與照護。

2018年　於輔仁大學舉辦大師對話線上公開課。

許鶴齡理事長帶領本會會員們參與上海的同濟大學人文學院哲學心理學研究所舉辦之「哲學諮商與心理治療的過去、現在與將來」交流座談會。

黎建球榮譽理事長帶領本會會員們參與北京舉辦之世界哲學會，並發表哲學諮商相關之學術論文。

2019年　於社址提供社區照顧關懷據點課程。

舉辦哲學限時批哲學諮商討論課，蘇格拉底工作坊。

與臺灣病人自主與諮詢學會之電子報合作設立哲學諮商專欄，促進兩學會之間的交流，關懷臨終病人自主諮詢業務之社會性服務。

與輔仁大學天主教學術研究院合辦2019年第六屆基督宗教諮商輔導研討會。

黎建球榮譽理事長率本會理事及會員們至南京參加社會人文療癒國際研討會。

2020年　呂健吉擔任第四屆學會理事長，黎建球為榮譽理事長。

辦理第五、六期哲學諮商師培訓。

2021年　舉辦愛智小聚團體工作坊，提供線上公益哲學諮商。

與輔大天主學術研究院合辦基督教諮商輔導研討會，辦理第五期哲學諮商師培訓。

辦理第七期哲學諮商師培訓。

2022年　開辦第八期哲學諮商專業認證。

舉辦蘇格拉底工作坊、邏輯基礎療法工作坊。

　　從臺灣哲學諮商學會的設立宗旨及組織章程可以了解到，該學會是想透過學會認證方式培訓臺灣哲學諮商師以利其未來能夠符合專業能力走入人群。特別在哲學諮商師的認證有相當嚴格的課程與實習要求，除了有十幾位原始諮商師外，透過整個學會課程培訓與實習而獲得哲學諮商師認證者已有四十多位。

　　目前臺灣哲學諮商學會在哲學諮商師培訓學員要求須取得碩士以上學位方得參加培訓課程。在認證課程設計方面分為：基礎課程、哲學諮商課程與實務實習課程三個層面。在基礎課程分為助人工作課程（18小時）、哲學基礎課程（36小時）；在哲學諮商課程則有哲學諮商專業課程（102小時）、哲學諮商專題討論（24小時）；實務實習課程（144小時），整個培訓課程總時數高達280小時，是很嚴謹的專業培訓認證課程。

　　從上述課程設計得知，哲學諮商師的認證有相當嚴謹的課程與實習要求，所以現在經過學會認證頒發的哲學諮商師證書，除了創會的十幾位諮商師外，透過整個學會課程培訓與實習而獲得諮師認證者，十年來也才四十多位，這也是目前在社會上仍不熟悉哲學諮商的因素之一。所幸，目前有些經過認證的哲學諮商師也開始以個人工作室展開助人諮商工作，臺灣哲學諮商學會也透過網頁提供哲學諮商師的諮商群，並以學會的晤談室提供預約服務，讓哲學諮商逐漸為臺灣社會人士所知曉而願意接受哲學諮商的服務。

二、黎建球哲學實踐

　　哲學實踐的概念有人認為是將哲學實踐於人生之中，這是很粗淺的理解。若要了解哲學實踐所指為何？也許可以從康德的四大問題來加以了解，「我能認識什麼？」、「我應該做什麼？」、「我可以希望什麼？」、「人是什麼？」。「我能認識什麼？」是人對外在世界的感認知和理性理解，是一個知識論的問題；「我應該做什麼？」是人對行為的規範和指引，是一個倫理學的問題；「我可以希望什麼？」是人對生命的意

義和生存目標的追尋，是價值和信仰的問題；「人是什麼？」則是總結上述三大問題的反思。能夠回答人生四大問題，唯有透過哲學實踐方可以提供思考的內容與方法。

在古希臘，「實踐」一詞最初是指最廣義的、一般的、有生命的東西的行為方式。亞里士多德首先把這個「實踐」變成一個哲學的概念。在《尼各馬可倫理學》中，亞里士多德把人的行為分為理論（theoria）、生產（poiesis）和實踐（praxis）三種。與「生產」不同的是，「實踐」趨向的目的不在自身之外，而就在其自身，其自身就是目的；而「生產」的目的卻在它產生的結果，而自身不構成目的。與「理論」不同的是，實踐活動總是在人際展開，不像理論的沉思是人獨自面對真理。[5]

從康德對哲學的思考來省思哲學諮商就可了解，人可能因為無知而迷惑、人也會不知應該做什麼而淆亂、人更可能沒有希望而絕望。簡而言之，人可能不知人是什麼？而有了上述三種混合的情緒、困境與不安而不知所措。其次再就亞里士多德的實踐意義來看哲學諮商，則哲學諮商的哲學實踐就是人自身完成自我的目的，並且是人與人之間的倫理行動朝向有意義的過程。

本節論述黎建球哲學實踐就是從其在哲學諮商的理論建構進而去推動哲學諮商兩方面來加以說明。

㈠黎建球哲學諮商的理論建構

2001年黎建球在美國休假研究時，在一間書店看到了加拿大彼得・拉比（Peter Raabe）的《*Philosoohica counseling*》一書時大為興奮，認為哲學諮商不就是念哲學最希望見到事情嗎？後來他又發現臺灣也翻譯了一些跟哲學諮商有關的國外著作。如《柏拉圖靈丹》、《哲學的慰藉》等書，讓他覺得哲學諮商若能夠發展出來，則哲學的實際運應用就多了一個層

5　張汝倫：〈作為第一哲學的實踐哲學及其實踐概念〉，《復旦學報》（社會科學版），2005年第5期，https://chenboda.pixnet.net/blog/post/257032841(檢索日期2023.1.4)。

面，可以說多了一個助人的方法。[6]

　　黎建球對於哲學諮商的興趣在休假返臺之後，念茲在茲的還是如何去推動哲學諮商，便在2003年接任輔仁大學哲學系系主任時立即推動哲學諮商，不僅親自授課，更是在哲學系中設立哲學諮商學群。但是，除了實務推動外，哲學諮商更需要一個理論基礎，特別是在臺灣，「諮商」已被心理諮商、精神治療的專業所把持規範下，必須要建構可與心理諮商區別的理論；同時又必須在傳統哲學的定位中另闢出哲學諮商的助人特色，方有可能成為哲學諮商的專業。

　　2004年黎建球在《哲學與文化》發表的一篇論文〈哲學諮商的理論與實務〉，已建構其在哲學諮商的基本理論基礎。在這篇論文中他指出：哲學諮商在用於助人這方面可以有鬆散和嚴格兩方面的定義：[7]

1.在鬆散定義方面：就是如何使用哲學的語言、智慧、成語，甚至邏輯來助人。

2.在嚴格定義方面：就是如何使用哲學系統，一個完整的哲學論述來助人。

　　基本上，黎建球是以哲學系統的基礎來建構哲學諮商的理論，因此他更進一步提出，所謂哲學系統的基礎是以人文主義、整全的及普遍的意義為其基礎。

1.人文主義：接受人的有限性，人必須超越自己之後，才能獲得人的尊嚴和力量。

2.整全的：人是全體大於部分的總和，人和事物的不同，就在於精神上的不同，不論外在世界如何變化，仍是一個整體。

3.普遍的：就是要有開放的、包容的和愛的精神，才能夠面對不同的時代

---

6 黎建球：〈哲學諮商的理論與實務〉，《哲學與文化》31.1[356]，臺北，五南出版社，2004，頁5-6。

7 同上註，頁5-6。

風貌、接受不同的見解，並有耐心去面對與解決。[8]

黎建球提出哲學系統基礎後，爲了進一步去銜接哲學諮商的意涵，他接著提出哲學系統是一種具有內容、態度及活動的完整系統。[9]

哲學「內容」是從觀念到檢驗到行爲的完整模式，而哲學諮商就是以這一套模式爲內容；哲學「態度」則是自覺力、容蓄力及轉念力；哲學「活動」是一種思考活動，包括檢視、分析、綜合、思辨、規範和評估。

黎建球進一步說：「所謂的哲學系統，在其內容態度及方法上完整之後處理哲學問題就有了依循的準則，也就可以理解實際的問題了，哲學諮商的理論也就由此產生。」[10]

換言之，黎建球之所以會提出哲學系統的理論基礎與內容態度和行動，就是想去建構其哲學諮商的理論基礎，特別是他想要去區別哲學諮商與心理諮商和精神治療的異同，並且賦予哲學諮商的哲學實踐方向。

基本上，心理諮商與治療在二十世紀之前，還未從哲學的領域分流出去之前，是那些學門在處理人的心靈問題？去了解人的生死議題？就如康德所提的四大問題，不也就是透過哲學系統去面對嗎？而心理諮商和治療從哲學分流出去後，反而質問哲學諮商是什麼？哲學可以做諮商嗎？特別是分流後的心理諮商，不也是大量的使用存在主義、現象學、結構主義等哲學理論而發展出來的意義治療、完型治療、理情療法等學派嗎？

黎建球認爲哲學諮商和心理諮商最大的不同就是哲學諮商有一套價值系統，這個價值系統是從形上學到知識論到倫理學，一套由外到內再由內到外的完整價值觀。

因此，黎建球提出哲學諮商的價值觀做爲哲學諮商的理論基礎。這個價值觀主要從時空定位、人性價值、生命尊嚴和倫理行爲論四個方面來

---

[8] 同上註，頁6-10。

[9] 同上註，頁10。

[10]同上註，頁12。

講：[11]

1. 時空定位：主要是去論述生命力是有限的時空，還是可以在無限的時空開展。黎建球認為，不同的時空定位，也就有了不同生命設計，也就有不同的生活信念。哲學諮商不去評論兩者價值的對錯，而是要去論述不同的時空定位，如何去符合自己生命意義與價值。

2. 人性價值：人性的價值和生命的時空定位有相對關係。黎建球認為時空對人性價值的差別在於抱持著對人性具有永恆價值的人是存有希望，讓自己對未來有一種嚮往。

3. 生命尊嚴：生命的尊嚴必須由生命本身來肯定、釐清。黎建球指出：生命尊嚴的可實現性，必須建立在超越性、普遍性和永恆性三個條件之上。

4. 倫理行為論：倫理生活不是外加於我的，而是由生命目標的內涵所湧現。黎建球強調，倫理生活由其內在意義來看，就是目的清晰、明確及特質的顯現，而為了達成此目的，個人所當遵守的原則就是對己有方、待人以誠及接物以敬。

　　從上述的敘述可知，哲學諮商的價值觀也等於透析了實踐方法，使得哲學諮商在建立其理論時獲得了完整結構。[12]

　　在建構了上述哲學諮商的理論基礎後，黎建球在此論文中介紹了三位哲學諮商師的諮商方法，以說明當代哲學諮商理論的實踐。這三位哲學諮商師的方法包括Lou Marinoff的PEACE法、Raabe的四階段法及Achenbeach的超越方法的方法。

　　〈哲學諮商的理論與實務〉這篇論文是黎建球有系統的論述哲學諮商的理論基礎，讓哲學諮商可以延續哲學傳統的助人諮詢工作的意義和哲學實踐的目的。在此篇論文寫完之後，黎建球也開始思考如何建構自己的哲

---

[11] 同上註，頁14-17。

[12] 同上註，頁17。

學諮商方法。黎建球表示，在2005年之後他開始有了CISA哲學諮商方法的構想，2007年在哲學文化月刊中正式發表〈CISA理論的實踐與應用〉[13]的論文，成爲臺灣第一位建構出哲學諮商方法的哲學家。

所謂CISA的C是覺察（Consciousness）、I是指洞見（Insight）、S是指靈動（Spiritual Moving）、A則指超升（Ascend）。[14]今簡述如下：

1. C（Consciousness）覺察問題的能力：不僅覺察當下問題，更能夠覺察問題背後的問題。主要切入的角度有三：自我覺察、覺察他人及關係覺察。依此三個覺察，從層層的深化到面面的擴展，可使受輔導者自我不斷的剖析、檢視，進而由內產生解決問題的動力。

2. I（Insight）洞察根源的能力：是指探究問題的能力，不受個人情緒和不相干問題干擾，透過邏輯推理能力整理出頭緒並看出問題的根本性質。黎建球這樣的推理能力，可以分爲層次性說法和問題模式說法。層次性說法是能將問題往更深層次探索，有條述和架構兩種；問題模式說法則並非以案主自我描述的問題爲主，而是能夠引領案主去探索自己眞正的問題，以發展型的層層擴展和交叉型的關係延伸爲問題方式。

3. S（Spiritual Moving）靈動的反詰能力：指的是活潑、轉念的動力，透過各種反詰與可能性的探測，激發刹時出現靈動力跳脫問題的困境。黎建球認爲靈動反詰的能力有三個過程：自我檢視過程、靈動翻轉過程和自我反詰過程。在這些過程中，不斷的型塑自我統一的人格，靈動歷程才算是完整。

4. A（Ascend）超升現況的能力：哲學諮商輔導個案絕非僅是自理現況的能力，還必須能面對情緒、價值觀而超升的能力。這樣的超升必須要讓人的自我感受到自由，同時用志凝神，在兩種歷程相互配合下，才能達

13 黎建球：〈CISA理論的實踐與應用〉，《哲學與文化》34.1[392]，臺北：五南出版社，2007，頁4-16。
14 同上註，頁5-12。

到自我超越與自我實踐。

在提出CISA法之後，黎建球再次以前篇論文所提哲學系統中的人文的關懷、整全的觀點、普遍的精神再加上積極的態度去論述運用CISA的態度。[15]

從這第一篇論文的哲學諮商理論的剖析到第二篇論文哲學諮商CISA法提出，基本上已發展出黎建球個人在哲學諮商理論與方法的完整性，但爲強化哲學諮商在哲學實踐的行動力，他在2008年發表〈哲學的行動理論〉論文中以哲學行動的實踐來說明哲學諮商是哲學助人的最佳應用，並且在結論中強調：哲學助人確實是可行的，而哲學行動也須在助人的過程中完成。[16]

在CISA法提出後，哲學諮商在臺灣的學術界已受到關注，黎建球也在相關的學術研討會中論述哲學諮商的理論基礎和方法。有些碩博士受到黎建球的影響，撰寫哲學諮商相關論文。上述黎建球的幾篇論文也開始被引用，特別是CISA法的建立，有了臺灣哲學諮商的對話討論空間。

但是仍有些哲學和心理界的人士對哲學諮商心存疑慮，特別是心理諮商界人士認爲哲學諮商中的「諮商」二字侵犯到心理諮商的專業。爲了澄清並說明哲學諮商和心理諮商的差異性，黎建球特別撰寫哲學諮商三項基本原則中論述：哲學諮商的三項原則是沒有病人的關係、價值引領爲主、同時是互爲主體關係。[17]

哲學諮商不是醫病關係，哲學是在思考人的處境、人的意義與價值，當人面對這些問題時，當然就可由哲學諮商來予以幫助。人陷於思考上的困境和對其人生意義與價值迷惑時，並非生病，在哲學諮商提供其觀念上的轉變和意義上的澄清，就可能對問題迎刃而解，所以這樣的哲學諮商就

---

[15] 同上註，頁12，本文在前兩頁已說明此四個態度，此一小段就不再論述。

[16] 黎建球，《哲學與諮商論文集》，臺北：輔大出版社，2019，頁85。

[17] 黎建球，《哲學與諮商論文集》，臺北：輔大出版社，2019，頁21。

非醫病關係。

　　哲學諮商是價值引領，在使用價值引領時，先讓當事人接納面對自己的處境與價值定位，其次則以正向方式做價值引領讓當事人接受自我、肯定自我、發展自我到重建自我的一種實現價值的歷程。

　　哲學諮商是互爲主體的關係，是以主體與主體之間的日常生活的討論爲其內容，彼此之間的討論及面對困難時，都可以互相交流、學習、澄清，讓雙方不失去彼此的主體性下重新去檢核生活的意義和價值爲目標。

(二)黎建球哲學諮商的實踐

　　黎建球在2001年接觸了哲學諮商後，不僅努力建構哲學諮商理論與方法，他更積極推動哲學諮商於校園和社會中，讓哲學諮商得以實踐於人群中。

　　首先在校園課程的推動方面，黎建球除了自己親自教授哲學諮商的相關課程外，並在輔仁大學哲學系設立哲學諮商群，之後更在文學院成立跨系所的哲學諮商與輔導學程，可以讓非哲學系的同學也可以選讀。之後華梵哲學系也成立哲學諮商學程，而政大哲學系更在今年成立跨學系的哲學照顧學程。另外，其他大學校園中也陸陸續續開設一兩門哲學諮商課程，甚至是原本對哲學諮商有所疑慮的心理輔導相關系所也有開課。

　　上述大學系所開課狀況，可以說是黎建球推動下的實際成果，也讓哲學諮商可以深耕於大學之中，而不是只有一般坊間打著哲學諮商的短期工作坊或講座。哲學諮商成爲大學哲學系的正式課程和學程的意義，在於賦予哲學諮商的學術理論研究基礎，同時也藉著不同的哲學諮商課程設計，在哲學系中可達到哲學實踐的效果。

　　除了課程之外，黎建球在授課期間也積極指導碩博士生撰寫哲學諮商相關論文，在2005年從第一位指導哲學諮商專題的博士論文以來，迄今已有二十多篇的碩博士論文是由其指導，平均一年有兩篇左右，這不僅對哲學諮商的學術研究有極大貢獻，同時對哲學諮商的實務工作更是積極推

展，因為這些獲得碩博士學位者，也將其研究的哲學諮商落實在生活和工作上，可說是哲學實踐的最佳註解。

在哲學諮商的學術研究走進校園後，黎建球也開始思考，如何讓哲學諮商可以像國外一樣有專業證照而能夠在社會中進行助人工作。因此，黎建球便開始籌設臺灣哲學諮商學會，以培訓哲學諮商師跟進行哲學諮商實務助人工作為目標，在其結合一些對哲學諮商有興趣的專家學者規劃下，終於在2012年正式成立臺灣哲學諮商學會，開始了哲學諮商師的培訓，到目前為止已培訓近六十位的哲學諮商師，並在學會的輔導下展開了個人與團體不同的形式諮商和工作坊，使得哲學諮商的助人工作落實於社會中。

為了哲學諮商在臺灣有一席之地，黎建球除了在臺灣推展外，也讓臺灣哲學諮商與國際接軌，頻頻邀請國外知名哲學諮商學者到臺灣舉辦工作坊、演講及授課認證，並且也帶領臺灣哲學諮商學會成員到韓國和大陸的大學進行交流，讓臺灣哲學諮商已成為亞洲地區的一個指標。

在臺灣哲學諮商學會所辦的工作坊中，以蘇格拉底對話來進行團體諮商，這是黎建球所運用哲學實踐的方式之一。這幾年黎建球則開始以哲學劇來進行另一種團體諮商，不再只是由被輔導者來論述自己的故事，而是讓團體的成員一起參與，彼此對話討論。其方法是先讓當事者的故事演練一遍，其次則是議題的排序，並由成員選定議題再排演一次，最後再針對這些排演過程的問題和衝突進行討論。

此一哲學劇的構想亦是哲學實踐中將問題、思想透過實際的角色對話達到身歷其境的情境中，不再只有思想的推論，而是活生生的把每個人的觀念、價值觀、問題意識與情緒完全展露，但這和一般心理劇還是有所不同，其中還是得加入哲學對話的成分，以哲學思考達到團體諮商的目的。

三、結語

臺灣哲學諮商的發展跟黎建球的哲學實踐可謂息息相關，當初若非其在機緣下認識到了哲學諮商，並以此做為哲學實踐的目標，則臺灣哲學諮

商不可能有目前的發展。

　　黎建球在臺灣哲學諮商學會尚未成立之前，就已經針對哲學諮商做好人才培育工作，在大學的課程、研究生的發展和社會人士的加入都有所擴展；同時也在組織發展上有哲學諮商研究會跟工作室的成立，奠定未來哲學商學會成立的基礎。但黎建球認爲這樣的哲學實踐還未達到其目標，所以他在〈哲學諮商在臺灣的發展〉一文中，提到哲學諮商未來的發展主要有三個目標[18]：

1. 成立學會：包括認證制度、結合同好。
2. 進入社群：包括進入人群、建立學術社群。
3. 永續經營：包括理論發展、與其他學科的結合、哲學本身的發展。

　　這三個目標，現都已完全落實，臺灣哲學諮商學會成立已有十年，也建立嚴謹的認證制度，目前已有六十多位經過認證的哲學諮商師走進人群和社會中，而更多次的學術研討會中讓哲學諮商的理論更趨完善，有更多其他領域的學者與社會人士參與，並在學程推廣和研討會交流中和其他學科有更多的結合。

　　總之，臺灣哲學諮商在臺灣的發展，就是黎建球哲學實踐的具體成果，這樣的哲學實踐，眞的可以成爲臺灣哲學的典範。

參考文獻

黎建球，《哲學與諮商論文集》，臺北：輔大出版社，2019。

黎建球：〈CISA理論的實踐與應用〉，《哲學與文化》34.1[392]，臺北：五南，2007。

黎建球〈哲學諮商的理論與實務〉，《哲學與文化》31.1[356]，臺北：五南，2004。

張汝倫：〈作爲第一哲學的實踐哲學及其實踐概念〉，《復旦學報》（社會科學版2005年第5期），https://chenboda.pixnet.net/blog/post/257032841（檢索日期

---

[18] 黎建球，《哲學與諮商論文集》，臺北：輔大出版社，2019，頁119。

2023.1.4）

國家圖書館臺灣碩博士論文加值系統，https://ndltd.ncl.edu.tw/cgi-bin/gs32/gsweb.cgi/
　　ccd=vB25Gn/search#result（檢索日期2023.1.4）

國家圖書館期刊文獻資訊網，https://tpl.ncl.edu.tw/NclService/
　　JournalContent?q%5B0%5D.i=%E5%93%B2%E5%AD%B8%E8%AB%AE%E
　　5%95%86&q%5B0%5D.f=*&q%5B1%5D.o=0&q%5B1%5D.i=&q%5B1%5D.
　　f=*&lang=&pys=&pms=&pye=&pme=（檢索日期2023.1.4）

臺灣哲學諮商學會網站，https://twpcaservice.wixsite.com/twpca（檢索日期2023.1.4）

論理情行為治療作為一種哲學諮商的可能性

尤淑如

中華民國陸軍軍官學校通識教育中心副教授

摘要

　　本文從預設、定義與特性等面向探究理情行為治療作為一種哲學諮商的可能性。哲學諮商與心理諮商的討論時有所聞，兩者的相關定位莫衷一是。把哲學諮商視為一種心理諮商是許多人對哲學諮商的初步理解，他們認為哲學諮商是類似「理情行為治療」的療法。然而筆者認為，相反地，理情行為治療法有可能是一種哲學諮商，本文為此進行研究。理情行為治療（REBT）由Ellis創立。Ellis以哲學家與心理治療師自許，並以哲學助人的精神建立該療法。REBT的基本預設及理論基礎源自哲學，其諮商技術充滿哲學性，甚至諮商目標也是透過發展新哲學觀來完成。REBT將哲學運用在檢視信念、追求至善與幸福的工作上，這和哲學諮商的做法一致。故，Ellis是哲學實踐的先驅者，REBT是哲學諮商的先驅。

一、前言

　　哲學諮商與心理諮商異同的討論時有所聞，兩者的相關定位也莫衷一是。把哲學諮商視為一種心理諮商是許多人對哲學諮商的初步理解，甚至部分心理諮商界也認為，哲學諮商就是某種類似於「認知治療」（Cognitive Therapy）或「理情行為治療」（Rational Emotive Behavior Therapy, REBT）的療法。然而筆者認為並非如此，相反地，Ellis的理情

行為治療法有可能是一種哲學諮商，本文將對此進行討論與辯證。

(一)哲學諮商不是一種心理諮商

　　哲學諮商起源於1981年德國哲學家Gerd B. Achenbach開設哲學診所，當時使用的是「哲學實踐」（philosophical practice）一詞。哲學實踐於1990年代在北美開始流傳，改稱為「哲學諮商」（philosophical counseling）。《柏拉圖靈丹》是臺灣第一本哲學諮商譯著，原名為《*Plato, Not Prozac!: Applying Eternal Wisdom to Everyday Problems*》，作者為美國哲學諮商師Lou Marinoff。書名指出：哲學家用永恆智慧而非藥物來面對日常生活，Marinoff以此表述「哲學諮商不是百憂解」，意謂哲學諮商不診斷心理疾病，沒有提供藥物等醫療行為。「哲學諮商不是心理治療」是普遍哲學諮商界的共識。然而「諮商心理師」[1]也不診斷心理疾病、也沒有提供藥物醫療，他們將「求助者」稱為「個案」或「當事人」，也不視求助者為「病人」。這樣看來，「不做病理診斷、不開立藥物」是否還能作為區分哲學諮商與心理諮商的判準？

　　臺北心理師公會定義心理諮商：「一種自我探索、自我成長的經驗、提供人改變的情境。……幫助人更了解自己，整理出生活目標與生命意義。」就此觀之，哲學諮商涵蓋其中。然而若因此將哲學諮商視為心理諮商的新興派別，那絕對是一種誤解。誤解在於，該定義僅就諮商層面言之，混淆了心理諮商與諮商。「諮商」指一種專業的會談技術，非心理諮商所獨有。所謂「諮商」是指「一種心理輔導歷程。專業諮商員在與當事人直接面對面的情境下，根據需要，協助其解除心理困惑，面對現實並

---

[1] 在臺灣，只有精神科醫師才能以診斷疾病與開立藥物處方的醫療模式進行心理治療。「臨床心理師」像精神科醫師那樣從疾病觀點看待個案的心理問題，著重於精神疾病（精神分裂症、躁鬱症……等等）的治療，擁有豐富的精神醫學知識與臨床經驗。「諮商心理師」理論知識背景來自心理學與諮商學派。

得到內在自發性的成長。」[2]任何諮商技術與策略都可以協助個案自我探索，增進自我成長，不限於心理諮商。哲學諮商和心理諮商都使用諮商這項工具，不代表兩者是一樣的。分辨哲學諮商與心理諮商不能從兩者都是「諮商」來判別，應從理論、世界觀或概念化的層面來分辨。哲學諮商的理論基礎是哲學，心理諮商建基於心理學，理論差異使得兩者對人、心理問題以及諮商目標有不同的理解，各自有不同的諮商「世界觀詮釋」（worldview interpretation）[3]。簡言之，心理諮商以「心理學助人」，哲學諮商「以哲學助人」，「諮商」是助人的途徑和工具。

故而，兩者的差異要從源頭與發展歷程分析。心理諮商的源頭是心理學，發展歷程從心理治療而後有心理諮商；哲學諮商的源頭是哲學，是一種讓哲學從形而上的象牙塔重返人間的實踐運動。

(二)哲學諮商與心理諮商來自不同的理論基礎

心理學是以哲學為起源，以科學為推進而衍生的一門學問。1879年以前，在統稱為哲學心理學的時代，心理學屬於哲學研究的範疇，當時心理學以哲學性思考與分析探究人類本質、關心人知覺事物、認識世界等課題。將心理學自哲學分割出來成為一門獨立學科的是德國科學家Wilhelm Wundt（1832〜1920）。Wundt認為心理學應該講求實證，運用嚴謹的科學實驗去研究人類行為及思想。他於1879年在德國萊比錫大學（University of Leipzig）成立全球第一所心理學研究實驗室，標誌著心理學脫離哲學、邁向科學的里程碑。[4]1879年以後科學接替哲學成為心理

---

2 國語辭典，https://dictionary.chienwen.net/word/dc/4f/a859ac-%E8%AB%AE%E5%95%86.html?fr=cp（檢索於2022/12/25）。

3 這裡所使用的世界觀詮釋是以哲學諮商師Ran Lahav的觀點。參考自Peter Raabe，《哲學諮商——理論與實踐》，臺北：五南圖書出版公司，2010，頁41。

4 Lo's Psychology, https://www.thenewslens.com/article/132617（檢索日期2022/12/26）

學的主要依據。[5]1872年英國醫師Daniel Hack Tuke首先使用「心理治療」
（psychotherapeutics）一詞，他定義「心理治療」係指運用心理對身體
的影響來治療身體疾病的療法。Sigmund Freud於1890年左右發展精神分
析，同樣也用「心理治療」一詞，並且也將心理治療理解為運用心理作用
治療身體疾病的方式。然而，自十九世紀末起，心理治療快速地切斷這樣
的傳統，發展成當代所周知的心理治療，這是一種運用心理學知識，藉由
心理方法與心理機制，治療精神疾病的療法。[6]從一九五〇年代開始Carl
Rogers用「心理諮商」一詞描述他和個案的對話工作。Rogers採用人本主
義取向發展新型態治療方法，為了跟醫學背景訓練的治療師有所區別，所
以他稱自己為「諮商者」，藉此強調非醫療模式但採心理學的助人專業。
後來眾人也以此來區分心理諮商與心理治療的差異。[7]

　　雖然心理學從1879年就逐漸與哲學分道揚鑣，但這僅意味著科學心
理學成為心理學主流，哲學心理學並沒有因此消失而是持續發展，例如，
現象學心理學便是其中之一，並且也繼續影響著心理學和心理諮商，成為
重要的研究方法。心理諮商從1950年發展至今也不斷從哲學汲取養分，例
如，理情行為治療、完形治療、存在治療、合作取向治療……等。這些大
量從哲學汲取養分的心理諮商，如果從哲學諮商的觀點檢視，說不定有可
能發現，其定義、理論與諮商形式與哲學諮商高度相似，只因一九八〇年
代前只有心理諮商，未有哲學諮商，所以被歸類在心理諮商的派別裡面。
舉例來說，如果從哲學理論及廣義「哲學助人」的定義作為哲學諮商最
簡明扼要的判準，那麼，或許可以大膽假設，REBT也是一種哲學諮商。
2003年，加拿大哲學諮商師Raabe就指出：行動取向的心理諮商（包括現

---

[5]　John W. Santrock著，《心理學概論：精簡版》，黎士鳴、陳秋榛譯，臺北：麥格羅希爾，2012，頁
　　3-4。

[6]　巫毓荃，〈近代心理治療史隨想〉，https://reurl.cc/bGA9lE（檢索日期2022/12/25）。

[7]　麥志綱，〈心理「諮商」還是「治療」？這兩者之間有什麼差別？〉https://www.thenewslens.com/
　　article/117430（檢索日期2022/12/25）。

實治療、行爲治療、理情治療、認知治療）最接近哲學諮商。Raabe以很長篇幅介紹REBT，認爲REBT許多方面都與哲學諮商相似，甚至一致。[8]本文將論證REBT可以被視爲一種哲學諮商。美國哲學諮商師Elliot D. Cohen早在一九八〇年代中期就借鏡REBT發展「以邏輯爲基礎的治療」（the Logic-Based Therapy, LBT）的哲學諮商。由此看來，研究REBT的哲學諮商性質有其價值與必要。

二、REBT是一種背離精神分析走向哲學實踐的療法

REBT是廣義的「認知治療」（Cognitive Therapy）的一支，由亞伯・艾里斯（Albert Ellis）於1955年創立。美國心理學會（American Psychological Association）指出：認知治療的核心概念包括心理問題可能來自錯誤或負面思考（認知扭曲，Cognitive Distortion），也可能來自過往的負面行爲模式。認知治療著重於當下，主張透過學習影響個案的想法，改變原先不適當的想法和行爲。然而，REBT與哲學諮商高度相似，是否可大膽地假定，REBT也是一種廣義的哲學諮商？

(一)哲學諮商的預設、定義與特性

哲學諮商的對象爲神智清明之正常人的短暫性心理適應問題，其諮商偏重教育性、發展性與預防性。哲學諮商以哲學思辨的方式引導個案探索自我，視個案需要分享與教導哲學知識，協助個案以概念化、系統化與結構化的方式建立世界觀詮釋，理解現狀、探索問題、發展新想法與世界觀，做出改變的行動，例如，發展新的溝通模式等。因而哲學諮商的策略與方向是著重於現在，朝向於未來。哲學諮商預設，個人生活方式以及困

---

[8] Peter Raabe指出：哲學諮商和理情行為學派無論是在主題、能力、特質傾向、諮商關係、目標與過程、假設與價值等各方面都有許多相似性，甚至一致，Peter Raabe，《哲學諮商——理論與實踐》，頁117-119。

擾個人的問題，都可視爲個人「人生哲學」的表述，而人的行爲、情緒、抉擇、期望、計畫等等，都與個人對自己與對世界的表述有關，這些表述的內容隱含著個人對自我身分與周遭世界的理解以及重視哪些價值。

　　Marinoff視哲學諮商爲「日常生活指南」，是「應用永恆智慧解決日常生活問題」。哲學諮商裡的「哲學」，是指「哲學的知識、語言、智慧、成語甚至邏輯」[9]，偏重對個人的個別經驗事實進行概念化哲思，建構較爲合理、普遍、客觀的人生哲學與價值哲學。諮商師們將日常生活裡的困難和各種經驗事實等都視爲哲學思辨與分析的素材，引導個人學習操作概念化的哲思，審視自己的表述是否爲眞？是否合乎理性、邏輯、倫理？「哲學諮商」的操作型定義：「一個受過訓練的哲學人藉由哲學的方式，如借助哲學經典／文本、哲學概念、哲學理論、哲學家或哲學方法，幫助個體克服他／她個人所可能面臨的成長障礙，以達到個人能力最適當發展的過程。」[10]其諮商操作的哲學性亦表現在「釐清、覺察與澄清觀念」與「價值引領」兩部分。[11]故，哲學諮商的「哲學屬性」來自其理論知識爲哲學領域，處理的日常生活議題帶有哲學性，其諮商技術亦帶有哲學的特性，例如，偏重理性思辨、批判、邏輯論證⋯⋯等，諮商過程必須「包括智性的對話，是一種理智的論辯過程」[12]。

㈡Ellis背離精神分析走向哲學實踐

　　Ellis從小體弱多病，長期住院療養的他個性害羞，年輕時不敢在公眾場合講話，害怕接觸陌生女性。後來他運用哲學「竭盡所能地教導自己挑戰那些會帶來焦慮的觀念」並且做出行動，才得以克服這些問題；他認

9　黎建球，〈哲學諮商的理論與實務〉，《哲學與文化月刊》356期（2004.01）：6。

10　潘小慧，〈哲學諮商的意義與價值：以「對話」爲核心的探討〉，《哲學與文化月刊》356期（2004.01）：24。

11　黎建球，〈哲學諮商的三項基本原則〉，《哲學與文化月刊》428期（2004.01）：7。

12　呂健吉，〈論語之哲學諮商研究〉，《哲學與文化月刊》356期（2004.01）：53。

爲，眞正治癒他害羞的是「思想的改變加上實際行動」。[13]這段經歷讓他發現運用哲學可以改變想法並且克服恐懼，於是從年輕起便大量閱讀哲學作品，後來甚至建立一套系統的助人療法。[14]他希望藉由哲學幫助人「減少情緒困擾，增進生活中的成就感。」[15]Ellis的生命經驗不但是一種具體的哲學實踐，他更是善用哲學自助進而助人的代表。

　　Ellis於1943年取得臨床心理學碩士，1947年取得臨床心理學博士並擔任臨床心理師，從事精神分析導向的心理治療，執業幾年後認爲精神分析療法無效：「我使用精神分析已有六年了，可是我發現這套治療法相當無效。最好的情況是，我能夠幫助案主看清他們情緒障礙背後的一些心理動力過程，卻無法改變他們的思考、情緒與行爲，好讓他們重塑生命中自我挫敗的部分。」[16]Ellis認爲有效的治療必須能改變思考、情緒和行爲，才能克服生命中的難題。爲此，他開始在精神分析學派的學會內部發表專文提出批評、推動改革：到了1953年他幾乎完全否定精神分析，不再稱自己爲「精神分析師」，轉而提出新的治療理論與技術。1956年在美國心理協會的年會會議上，Ellis公開發表新療法，稱爲「理性治療」（Rational Therapy，簡稱RT）（Ellis 1957a, 1957b, 1958），之後陸續發表許多跟理

---

[13]Joseph Yankura、Windy Dryden著，《艾里斯：理情治療學派創始人》，陳逸群譯，臺北：生命潛能，2001，頁10-11。以下本文的相同引註以書名標註。

[14]Ellis在許多著作文獻和演講場合都不斷提到他喜愛哲學，受哲學影響很深，例如，他說：「我一直對哲學深感興趣，特別是關於人類快樂的哲學，這份興趣從十六歲開始一直是我的嗜好之一。因此我重新閱讀許多古代及現代哲學家的作品，企圖從中尋找這些重要問題的答案。所幸的是，他們的確幫助了我。」參見《艾里斯：理情治療學派創始人》，頁21。

[15]Albert Ellis著，《讓自己快樂》，蘇子堯譯，新北：大牌出版／遠足文化，2020，頁25。以下本文的相同引註以書名標註。

[16]Albert Ellis, Catharine MacLaren著，《理情行為治療》，劉小菁譯，臺北：張老師文化，2002，頁18。此外，Ellis在另一處文獻資料上也提到：根據我的臨床實驗心得，一九五〇年代初期，我已發現精神分析整體來說是無效的，是沒有效果的治療法，因此與我的當事人一起發展更具理性、效果更爲卓著的治療技術，理情治療於焉開始成形。參見《艾里斯：理情治療學派創始人》，頁42。

性療法相關的專題演講與著作。[17]

　　Ellis沒有明確定義理性，也沒有說明理性與認知的關連性，不過，從Ellis的ABC理論來看，Rational意指「合理的」，合理的思考才是克服生命難題與重塑生命的關鍵要素。Ellis這種揚棄「精神分析」（傳統心理治療），改以哲學性的理性思考建構新療法的做法，跟反省與批判傳統心理治療而建構哲學諮商的精神相符；Ellis將「理性思考與信念」視為新治療的核心理念，這點也與哲學諮商的核心概念相符。Ellis不斷強調其理論基礎來自哲學，特別是來自古希臘哲學的斯多亞學派（Stoicism），尤其是Epictetus與Marcus Aurelius等哲學家的思想。Epictetus有句名言：「人之所以有煩憂，並非源自外在事件，而是他們看待事件的觀點。」這句話不但常常被他引用在理情治療的文獻中，而且成為理情治療理念的基本信念。[18]故，RT其實是非常「哲學諮商」的，因為其基本預設來自哲學而非心理學，Ellis以「理性思考或合理思考」、「事件觸發的信念、觀點才是情緒與行為困擾的主因」來定義RT，這些都與哲學諮商一致。哲學諮商亦在相同的預設下重視信念在改變歷程中的重要性，也以「幫助人們進行深刻的思考或省察，有效的改善觀點」為諮商要點[19]，Marinoff也強調要協助個案「辨識信念、探索價值、意義、道德」。[20]之後Ellis為了讓人理解這學派也重視情緒，在1961年將學派改為「理情治療法」（Rational-Emotive Therapy，簡稱RET）；之後為了強調行為的重要性，於是在1993年又將學派改為REBT。

　　Gerald Corey認為，「REBT和許多認知治療與行為治療一樣，強調思考、判斷、決定和行動」[21]這是心理治療界將REBT視為廣義認知治療

---

[17]《艾里斯：理情治療學派創始人》，頁17-21。

[18]《艾里斯：理情治療學派創始人》，頁42。

[19]黎建球，〈哲學諮商的理論與實務〉，《哲學與文化月刊》356期（2004.01）：5。

[20]Lou Marinoff著，《柏拉圖靈丹：日常生活哲學指南》，吳四明譯，臺北：方智，2001，頁12。

[21]Gerald Corey著，《諮商與心理治療：理論與實務》，修慧蘭等譯，臺北：新加坡商聖智學習，2009，第八版，頁333。

的原因：將「強調思考」這件事與認知劃上等號。然而，Ellis從未自稱REBT為情緒治療或認知治療，而是強調REBT為合理信念的治療，是聚焦於哲學的（A Philosophical focus）治療法：「理情治療法不只是一種認知，而且具有高度的哲理基礎。」[22]因此相較於認知治療，REBT更貼近於哲學諮商。REBT是揚棄精神分析重返哲學實踐的治療法，因REBT受哲學啓發[23]，不斷從哲學中汲取養分發展治療理論、治療技術與治療目標。毫無疑問地，REBT符合了「以哲學助人」、「借助哲學經典／文本、哲學概念、哲學理論、哲學家或哲學方法，幫助個體克服他／她個人所可能面臨的成長障礙，以達到個人能力最適當發展的過程」等諸多哲學諮商的定義，具有哲學諮商的特質。

三、REBT的基本預設與理論源自哲學

　　哲學諮商師Cohen認爲REBT雖然強調理性思考，但仍和哲學諮商不同。他認爲心理醫生比較著重於尋找情緒背後的壓抑和原因，從精神疾病的角度從事治療；但哲學諮商擅長邏輯和批判思考，透過檢視思考邏輯，協助個案批判思考，而不讓個案的心智荒廢糟蹋。[24]然而，REBT眞的是從心理學出發嗎？REBT眞的是在治療精神疾病嗎？

㈠REBT強調信念的基本預設源自哲學

　　REBT依循Epictetus的理念，認爲煩惱來自人看待事件的觀點。Ellis用思考、認知、想法、信念詮釋「看待事件的觀點」，並從哲學整全的人觀來理解人的困擾。他不像心理學者那樣主張人的困擾主要來自學習或者是受到社會、文化或環境的制約，而是認爲人類經過先天及社會教導而

---

22 《艾里斯：理情治療學派創始人》，頁14。

23 《理情行為治療》，頁21-22，30。

24 Elliot D. Cohen著，《亞里士多德會怎麼做？：透過理性力量療癒自我》，臺北：心靈工坊，2013，頁18。

成為理性及非理性的思考者。人類依據本能會為了生存善用理性思考，善用理性駕馭感覺與行動，使自己充滿創造力。[25]依據這樣的哲學人觀，Ellis主張重塑生命的三要素為思考、情緒與行為，三者並非全然迥異，而是彼此間互動為一整體。情感被觸發時通常也伴隨有思考或甚至行動。因此，遭逢生活難題或生命困境者，受逆境所苦，難免會產生思考、感覺和行動等功能失調，陷入自我挫敗的混亂狀態，縱使後來恢復平靜，但部分的認知、情緒反應和行為表現皆可能因此受影響而改變。[26]Ellis預設人擁有「合情理信念」（Rational Beliefs）與「不合情理信念」（Irrational Beliefs）[27]，不合情理信念的次數、分量比重會影響情緒障礙的程度。只要能將不合情理信念轉換為較合情理信念，就能有效減緩情緒障礙。[28]許多哲學諮商也有類似主張，多半同意將信念作為診斷依據，那麼這樣看來，建基於哲學整全的人觀，並且以「合情理信念」為核心所開展出來的治療理論，應該被視為心理諮商？還是哲學諮商？

REBT重視思考與信念對情緒與行為的影響，其理論基礎多半來自於哲學，此為Ellis和眾多REBT諮商師所接受。[29]REBT和哲學諮商一樣，視個人生活方式與困境為個人「人生哲學」的表述，改變不合情理信念即是改變個人表述其「人生哲學」的方式，重新建構一個更為合情理的「人生哲學」。

哲學諮商普遍反對Freud精神分析將心理困境歸因於幼時經驗，針對這點提出許多批判。Ellis也大肆批判此一論點：「精神分析和大多數其他

---

[25]《理情行為治療》，頁39-40。

[26]《理情行為治療》，頁12。

[27]Rational Beliefs中譯多半譯為「理性信念」，但親炙於Ellis的武自珍教授認為譯為「合情理的信念」較為合適。Irrational Beliefs中譯多半譯為「非理性信念」，武自珍教授認為譯為「不合情理的信念」更貼近Ellis的原意。參見：《理情行為治療》，頁7。

[28]《理情行為治療》，頁17。

[29]《理情行為治療》，頁30。

形式的心理治療師都告訴你，是你的父母、你的文化和糟糕透頂的過去讓你困擾。胡說八道！這類經驗（說法）通常沒替你帶來什麼好處，卻造成許多傷害。這些不好的經驗（說法）會『助長』你的困擾，但不會是『造成』你痛苦或煩惱的原因。」[30]Ellis認為煩惱來自信念（系統），自己（的信念）才是自身煩惱的根源。既然煩惱是自己造成的，那麼，自己也會有能力擺脫情緒困擾。因為「你可以選擇你的情緒和行為」，這是REBT的獨特觀點。[31]人之所以可以選擇情緒與行為，是因為人有理性，理性能力使人能區分「合情理的和不合情理的信念」；也因為人有理性才能用REBT自助、引導自己矯正不合情理信念。故而，REBT符合哲學諮商的性質。

(二)以信念系統為核心的ABC治療理論

REBT立基於ABC理論：「當人們遭遇逆境（Adversity, A）而有不安的結果（Consequence, C），例如非常焦慮，大部分是出於信念系統（Belief System, B）與A互相作用而導致失功能的C。因此，AxB=C。這個理論顯然跟精神分析、制約論，以及其他在1955年相當受歡迎的有關情緒困擾的理論非常不一樣。」[32]之所以不一樣是因為ABC理論不根源於心理學，而是來自於哲學。Ellis宣稱ABC理論是以哲學家的著作為基礎開創的。[33]

通常人做出行動之前會有一主要目標或重要目標（Goal, G），一旦遭遇阻礙的事件或逆境，隨之產生的信念如果引發健康的情緒C，就可以產生健康且富建設性的行為C。然而，如果信念引發不健康甚至是毀滅性的情緒C，就會引發自我挫敗的行為C。人們通常誤以為是事件造成結

---

[30] 《讓自己快樂》，頁56。

[31] 《讓自己快樂》，頁46。

[32] 《理情行為治療》，頁22-23。

[33] 《讓自己快樂》，頁43。

果，但其實結果所經驗的感受和行為，大多來自信念對事件的思考、想像與推斷。[34]通常B包括兩大部分：一部分是「偏好、希望和需求」，另一部分是「絕對性的要求、命令、必須、應該和應當」。多半與「偏好、希望和需求」相關的信念帶來的是健康的情緒與行為，屬於合情理的信念；而幾乎所有的與「絕對性的要求、命令、必須、應該和應當」的信念會產生不健康的情緒，帶來自我挫敗或毀滅的行為，屬於不合情理的信念。

通常心理問題來自不合情理信念，所以REBT致力於將不合情理信念改變為合情理的信念。但認知治療的創始人Beck卻認為，心理問題來自於認知失調或認知扭曲，治療重心應放在改變知覺與認知形式。若將信念視為認知結果或認知產物，REBT就會被歸於廣義的認知治療的一環。但從ABC理論來看，與其說Ellis強調認知，不如說他強調用偵查、質疑與區分信念等各種方式使不合情理信念改變為合情理信念，甚至是發展新的、有效的信念系統（哲學觀）。故，相較於認知治療，REBT更貼近於哲學諮商。

㈢治療理論源自哲學且具體落實蘇格拉底的檢視精神

Ellis視自己為哲學家兼心理治療師[35]，宣稱以邏輯實證論建立REBT。[36]Ellis引用邏輯實證論的主張：所謂的真理通常是暫時性的，現實生活中很難找到普遍的真理。如同Karl Popper所說，即使某種假設當時受到各方證據所支持，但之後人們可能會發現一些新證據而推翻原有視以為真的假設。邏輯實證論認為，「事實」、「真理」都是由人辨認與判斷出來的，沒有獨立於人判斷之外的絕對「客觀」或「真實」的事情存在。[37]REBT承襲這些論點，反對絕對「應該」和「必須」的論點，當個

---

34 《讓自己快樂》，頁48。

35 《讓自己快樂》，頁53、55。

36 《理情行為治療》，頁26。

37 《理情行為治療》，頁27。

案的信念中出現有「絕對、應該與必須」的元素時，就會被視為產生不合情理信念的關鍵因素，必須被矯正。REBT也因邏輯實證論而主張，人只能透過自己的經驗來理解事實，當然人也可能受到別人或社會的影響，但無法百分百肯定什麼是真實或怎樣才算真實。好壞、對錯、道德觀等大部分都受到個人及社會所影響，所有道德的信條都蘊含建構的本質，並非單一因素所構成。[38]正因為如此，REBT在治療策略上不斷強調要鬆動個案對各種信念的堅持，一旦將信念視為真理，視為絕對的、應該、應當或必須，並且以此要求自己和他人，因而造成各種不合情理的信念時，這些就成為REBT要工作的對象。簡言之，REBT從邏輯實證論所建構的治療世界觀為：非好即壞、二分法等概念易流於不正確、有限制且充滿偏見，這些信念與由此而生的問題解決方式容易引發不健康且具毀滅性的情緒與行為，需要思考替代方案、測試各種方法並評估它們運作的結果。

此外REBT也立基於建構主義的哲學觀：真理既是暫時的，是由個人所建構的，那麼人們對待信念的方式最好採取彈性態度，並且認知到，那些惱人的「應該」、「必須」或「絕對」的想法，一方面是從文化裡面學習到的；一方面也來自於個人的傾向而自行建構出來的，僅是「暫時為真」，並非「永恆真理」。因此REBT要幫助個案看清自己是怎樣發展出使自己喪失功能的核心概念或人生哲學，並且幫助個案看清自己是怎樣透過思考的過程導致這一切發生。[39]這些主張不正是具體實踐了蘇格拉底的「檢視」！哲學諮商常引述蘇格拉底的名言：「未經檢視的生活不值得過」（The unexamined life is not worth living）作為哲學諮商的核心精神。REBT具體發展各種技術來檢視信念與思考推論的歷程，是一種具體落實蘇格拉底檢視精神的哲學諮商。

---

[38] 《理情行為治療》，頁28。
[39] 《理情行為治療》，頁29。

四、REBT是一種具哲學性的治療技術

　　既然煩惱（C）來自事件（A）所觸發的信念（B）。故而在諮商過程中，Ellis發展一連串的ABCDE諮商歷程。究其諮商歷程可知，REBT的諮商技術是非常哲學的。ABCDE大致可以分為以下五階段：

1. 解釋ABC理論：首先，引導個案明白情緒與行為的困擾不是來自逆境或事件，而是肇因於想法或信念。

2. 辨識合理與不合理信念：這是REBT的評估機制，教導個案辨識合理信念與不合理信念、健康情緒與不健康情緒的差別，與個案一起尋找不合理信念、了解不合理信念、不健康情緒以及自我毀滅性行為的關連性，由此了解哪裡卡住了？為什麼卡住了？讓個案知道是什麼導致現在這樣的結果。

3. 提高個案的改變意願：這階段是要引導個案在心態上至少暫時同意：當下的逆境、那些不健康的情緒或行為，自己其實是有責任的。[40]Ellis提供諮商師五種建立自我信念的方法[41]，幫助個案勇於承擔自己人生順逆的責任，幫助個案相信自己有能力改變，增進個案願意改變的行動力。

4. 「駁斥」（Dispute）：這是REBT的改變機制，是一種具哲學性的改變與治療技術。Ellis研究，人們最常見的不合理信念為「糟糕化、我簡直無法忍受、譴責自己或他人」，這些都來自獨斷、專橫、絕對的「應該」、「必須」或「要求」。[42]面對這些不合理信念，他採取的治療機制是「駁斥」。Ellis提供許多駁斥的技術來幫助個案放棄不合理信念，找到替代性、具有彈性偏好的合理信念，透過意志力，逐漸將不合理信念轉化成合理信念。MacLaren稱「駁斥」是「REBT最出名的部分，這是一種主動協助個案評估其信念系統中有用且有效部分的方法，一旦個

---

40 《理情行為治療》，頁86。

41 《讓自己快樂》，頁25。

42 《讓自己快樂》，頁31。

案熟悉ABC模式，駁斥可以幫助他們辨認、思考，最後取代造成他們困擾、死板且缺乏變通的信念。同時你也可以教他們如何將這些功能良好、務實且合乎邏輯的挑戰運用到其他領域。」[43]這是一種最具哲學性的諮商技術，承襲蘇格拉底對話法的「反詰與辯證」，透過「駁斥」技術，質疑、挑戰個案不合情理的信念，激發個案理性思考與邏輯推論的能力；透過「駁斥」促使個案願意承認原有信念為不合理信念，進而激勵個案願意探索更為合理的信念。

駁斥類型中最具哲學性的是「邏輯型駁斥」（Logical Disputes）與「哲學型駁斥」（Philosophical Disputes）。「邏輯型駁斥」是透過質疑、挑戰個案不合邏輯的信念；[44]「哲學型駁斥」是就個案整體生活滿意度進行更為根源與終極性的質疑，[45]引導個案思考其偏好、欲求跟他所追求的幸福之間的關連性，有時候個案會不自覺地放大當下的困境，若個案能整體的看待此刻困境與終極幸福的關連性，就比較能找到調適困境的信念和方法。「駁斥」技術所展現的不正是呂健吉所提的：「智性的對話，是一種理智的論辯過程」[46]？「駁斥」技術所做的不正是Cohen所指稱的：「檢查思考邏輯，進行批判性思考」？

5. 發展有效的哲學觀（Effective Philosophy）：這是REBT的目標，幫助個案重建人生哲學而成為合理思考的人：「我深信一個人如果能夠抱持真正良好的人生觀，便能夠切實地避免脫序的思考、感覺和行為，也能夠好好安排自己的生活，不至於出現自毀性和反社會的情況。」[47]想法或哲學觀是自我改變的關鍵[48]，發展有效哲學觀有助於長期穩定的改

---

[43] 《理情行為治療》，頁87。

[44] 《理情行為治療》，頁95。

[45] 《理情行為治療》，頁96-97。

[46] 〈論語之哲學諮商研究〉，《哲學與文化月刊》356期（2004.01）：6。

[47] 《理情行為治療》，頁95。

[48] 《讓自己快樂》，頁275、276。

變。「有效」是指持續穩定地改變慣性的負面思考與不合理信念[49]，完成心理諮商的兩大目標：減少困擾、增進快樂與自我實現。明白ABC理論、透過駁斥，有助於減少困擾；要增進快樂與自我實現則必須重塑合理信念與新哲學觀。能增進快樂與自我實現的新哲學觀必須至少滿足以下條件：有彈性而不墨守成規、做自己；以亞里士多德的中庸之道兼顧做自己與公益；過具有倫理道德的生活而被社會信任；培養自我覺察的能力；願意接納模糊與不確定的人生；樂於投入與享受生活樂趣……等。[50]

故，REBT的改變機制（駁斥）與治療目標（重建有效哲學觀）的哲學屬性非常鮮明，再次彰顯REBT的哲學諮商特質。

五、結語：Ellis是哲學實踐的先驅者，REBT是哲學諮商的先驅

哲學既追求真理，也須生活實踐。追求真理可檢視人生、也可追求幸福。Nussbaum認為哲學原初那種對苦難的關懷需要被重新喚起，應將哲學視為「一種敘述人類生活中最痛苦問題的方式」。[51]此為哲學諮商看待哲學的視角。1879年之前有哲學心理學以哲學性思考探究行為、知覺、認識等心理學課題；1879年後哲學心理學仍持續發展。Ellis以哲學家與心理治療師自許，他以哲學助人的精神建立REBT。REBT的基本預設來自哲學，REBT的ABC理論的理論基礎也來自哲學，REBT具特色的「駁斥」諮商技術更是哲學性的，甚至REBT的諮商目標也是為了發展新哲學觀。在推展REBT的過程中，他數次舉辦類似「哲學家咖啡館」[52]的活動。例

---

[49] 《理情行為治療》，頁32-33。

[50] 《理情行為治療》，頁268-272。

[51] Nussbaum, Martha C. *The Therapy of Desire*, Princeton: Princeton University Press, 1994. 3, 485.

[52] 「哲學家咖啡館」或稱為「蘇格拉底咖啡館」，是指一群人在咖啡館內用蘇格拉底的探問法與一小群人對話，共同且徹底地探索對人類心智和心靈最有意義的哲學問題。參見Christopher Phillips著，《蘇格拉底咖啡館》，林雨蒨譯，臺北：臺灣商務，2017，頁14-15。

如，自1965年起，Ellis以一般大眾爲對象，舉辦一個固定的「週五夜間研討會」的活動，研討主題多半爲「日常生活中的難題」。研討會上他從參與者中徵求志願當事人，並當場展示理情治療的療效。隨著展示活動的進行，觀眾可藉此機會針對治療法或當事人所面對的問題發表見解或提出疑問。[53]Ellis建構的REBT從某層面看就是一種回到古老源頭的哲學實踐，也是一種回到古典心理學源頭的哲學心理學實踐，藉由REBT的諮商技術，將哲學運用在檢視信念、追求至善與幸福的工作上。REBT和哲學諮商所做的工作沒有不一樣。由此觀之，Ellis是哲學實踐的先驅者，他所建構的REBT是哲學諮商的先驅。

參考文獻

呂健吉，〈論語之哲學諮商研究〉，《哲學與文化》356期（2004.01）：51-65。

Shlomit C. Schuster著，錢仁琳譯，〈哲學諮商、哲學心理分析、急救、以及哲學咖啡館〉，《哲學與文化》356期（2004.01）：109-128。

潘小慧，〈哲學諮商的意義與價值：以「對話」爲核心的探討〉，《哲學與文化》356期（2004.01）：23-29。

黎建球，〈哲學諮商的理論與實務〉，《哲學與文化》356期（2004.01）：3-19

黎建球，〈哲學諮商的三項基本原則〉，《哲學與文化》428期（2010.01）：3-19

Albert Ellis著，《讓自己快樂》，蘇子堯譯，新北：大牌出版／遠足文化，2020。

Albert Ellis, Catharine MacLaren著，《理情行爲治療》，劉小菁譯，臺北：張老師文化，2002。

Christopher Phillips著，《蘇格拉底咖啡館》，林雨蒨譯，臺北：臺灣商務，2017。

Elliot D. Cohen著，《亞里士多德會怎麼做？：透過理性力量療癒自我》，臺北：心靈工坊，2013。

Gerald Corey著，《諮商與心理治療：理論與實務》，修慧蘭等譯，臺北：新加坡商聖智學習，2009，第八版。

Joseph Yankura、Windy Dryden著，《艾里斯：理情治療學派創始人》，陳逸群譯，臺北：生命潛能，2001。

---

53 《艾里斯：理情治療學派創始人》，頁23。

Lou Marinoff著，《柏拉圖靈丹：日常生活哲學指南》，吳四明譯，臺北：方智，
　　2001。

Peter Raabe，《哲學諮商──理論與實踐》，臺北：五南圖書出版公司，2010。

Nussbaum, Martha C. *The Therapy of Desire*, Princeton: Princeton University Press, 1994.

黎建球教授之人生
哲學

黎建球人生哲學思想中的儒家生命哲學

何佳瑞

輔仁大學品牌與時尚經營管理碩士學位學程、全人教育中心副教授

摘要

　　黎建球所建構的人生哲學，展示出了一個完整的對於人生命的看法，其中融入了儒家思想的洞見，更涉及了天主教哲學與儒學之間的會通。黎建球自身的生命實踐存在著兩個重要特徵，一是天主徒的生命，一是儒者的生命。在此基礎上，本文嘗試勾勒出黎建球將儒家生命哲學融入其人生哲學的過程中，所展現出一些儒家思想與天主教思想彼此會通、融合的一些觀點與側重點，包括兩大體系對人本性之善的共同肯定、對良知的重視、對有位格之天的論證，以及人之生命在其超越終點上的相互補充和闡發等。黎建球會通兩大體系的方式，是他實踐其作為一位儒者天主徒的生活方式，他正是用這樣的方式，活出了一種將中西思想融於一爐的生命體證。

關鍵詞：人生哲學、儒家哲學、生命、天主教哲學

一、前言

　　黎建球教授一生作育英才，正應了《韓詩外傳》中的「桃李滿天下」之喻，其「人生哲學」一門課更是幫助了無數莘莘學子找到了自我完善、自我超越的方向。黎建球所著《人生哲學》一書，展現了他對於人生、社會、宇宙乃至超越界的思考。該書自1976年由三民出版社初版以來，一版

再版，在臺灣學界中，它可謂在「人生哲學」這一主題上，展現出了既完整又豐博的學術呈現之典範。

　　綜觀黎建球之學術發展與研究，從人生哲學為始，涉及了倫理學、中西比較研究，乃至學術高峰時期相關哲學諮商的諸多研究，其對於人的生命、人生及人之意義與價值的看法，是一貫而連續的。是以，「人生哲學」堪為黎建球一生學術發展的重要基礎與根源。

　　本文研究的範圍於是鎖定在對黎建球的人生哲學思想的探索。黎建球本人不僅是一位虔敬的天主教徒，從其四十餘年來所著的各類書籍和論文觀之，他所受到儒家哲學的影響也是非常深刻的。在他身上，展現出了一位天主徒和儒者兩種身分諧和一體的狀態，這引起了筆者濃厚的探索興趣，期望藉著本文的闡述，將其人生哲學中所顯現出的一種中西融合的整體人生觀揭露出來。雖然從《人生哲學》一書來看，其內容不僅涉及了西方哲學思想（尤其是士林哲學），亦精闢地論述了儒家、道家，乃至墨家、法家皆有著墨，全書當真是淵博廣茂。然而，短短一篇論文實難以全面地探索黎建球的人生哲學思想，於是我們再將研究範圍進一步縮小，聚焦在其人生哲學思想中的儒家生命哲學的面向，以期指出儒家哲學是以何種方式融入其整體人生哲學的思想之中，並揭示出它在其中的定位與角色。由於黎建球的人生哲學及其對人的理解，是以天主教哲學為基礎的，是以本文的探索主題，事實上也正在於指出其人生哲學中天主教哲學與儒學之間的會通。

　　整體而論，本文選擇儒家哲學作為對黎建球人生哲學思想探索的切入點，原因有二：第一，黎建球雖然對於道家、墨家等皆有所研究，然而，相較之下，他對儒家的研究最為精深且富有創見，這一點不僅可以從《人生哲學》一書可見，也顯現在他所著的多篇論文中（這些學術論文的內容也會在後面提及）；第二，黎建球之做人做事，處處透露出一位儒者之風，顯見儒家哲學已經深深地融入其生命的實踐當中，儒家哲學已不僅僅是一門學問，更是一種生活的態度和風骨。基於上述兩個原因，對黎建球

人生哲學中的儒家哲學的探究，將能夠爲我們充分揭露其人生哲學中所展示出的一種中西圓融的生命觀與人生觀。

二、黎建球人生哲學的思想架構

　　黎建球著有兩本與人生哲學相關的專書，一是《人生哲學》，[1]另一是《人生哲學問題叢錄》。[2]從架構上而論，《人生哲學》一書共分九篇，包括緒論、宇宙觀、人性論、生命精神、道德生活、藝術修養、政治理想、宗教情操，以及結論。緒論先對人生做一導論式的鋪陳，隨後從一整體宇宙的角度開始論述，接著從宇宙下降到身爲其中一員的人身上（人性論），再由此出發分別涉及人的精神生命、道德、藝術、政治生活，最後達至宗教領域，結論的部分則闡述了人生的理想、天人合一的境界，以及知人、知物、知天的人生哲學的完成。

　　《人生哲學問題叢錄》一書則分爲三個部分，包括「人生意義」、「人生問題」，以及「人生觀」。「人生意義」涉及了人性、人格、理想、創造、自由、和諧、道德、修養、良心⋯⋯等論題，是依據與人生相關的重要主題進行闡述；「人生問題」則涉及了自殺、離婚、墮胎、安樂死、孝順、痛苦、慾望、溝通、孤獨、眞假、善惡之分辨、義利與美醜之分辨⋯⋯等生命境遇中的眞實問題。該書的最後一部分談「人生觀」，論述了不同的人生觀思潮，如功利主義、實用主義、快樂主義、進化主義、法律主義、自由主義、良知說等等，書中指出不同人生觀的利弊缺失，有助於讀者對於當前流行的各種人生觀進行反思。

　　以研究的角度觀之，《人生哲學》一書更能反映出黎建球對人生與生命的系統性思維；《人生哲學問題叢錄》則以具體的主題和問題著手，雖然在系統性的陳述上未及《人生哲學》，但對於一般讀者來說，卻更顯得

1　黎建球，《人生哲學》，臺北：三民書局，1995。筆者手邊爲此書第七版，該書初版於1976年。

2　黎建球，《人生哲學問題叢錄》，新北：輔仁大學出版社，1998。筆者手邊爲此書第三版，該書初版於1989年。

親近，對教授人生哲學課程的教師來說，也能輕鬆地應用於課堂之上。

　　無論是《人生哲學》或《人生哲學問題叢錄》，論述的進路雖然不同，但綜而觀之，其對於生命及其價值和意義的理解是一脈相通且完全一致的。兩本書也同時展現出了黎建球對於人生的一種整全的看法，人生不僅涉及了一個自由的、能自己作主的主體（自我），還涉及了他人、他物，乃至宇宙。更重要的，人的生命境界可以與一個至高的終極真實相互溝通。此一對於人生的整全觀點，囊括了人生命中「真、善、美、聖」（輔大校訓）的所有領域，也涵蓋了人、物、天這三個向度，與于斌樞機所提倡的知人、知物、知天的教育理想[3]相互呼應。

　　在這樣一種整全性的人生哲學中，儒家哲學扮演了一個重要的角色，無論是在人性論上，還是在格物致知上，又或是在天人合一的人生理想上，黎建球的人生哲學架構中的每個部分，都有儒家哲學的融入。本文的探究將從《人生哲學》一書出發，輔以《人生哲學問題叢錄》以及其他相關的論文，嘗試勾勒出黎建球人生哲學中藉由儒家生命哲學所展現出的人生真相。

三、儒家生命哲學在人生哲學中的融入

　　之前已經提及，黎建球自身的生命實踐存在著兩個重要特徵，一是天主徒的生命，一是儒者的生命。在其人生哲學當中，這兩個部分是和諧相融的。當然，代表了西方文化的天主教對人的看法，與代表了東方文化的儒家思想對人的理解，是各有特色的。是以，如果它們以一種和諧的狀態出現在黎建球的人生哲學當中，它們必不會是毫無差異的對接，中間也需要有一種融貫的調和。舉例來說，黎建球在〈全球化下的中國生命倫理議題〉一文中，曾經藉著牟宗三的話指出：「中國思想的三大主流，即儒釋道三教，然而只有儒家思想這主流中的主流，把主體性復加以特殊的規

3　見于斌，《三知論》，臺北：自由太平洋文化事業公司，1965。

定，而成爲『內在道德性』即成爲道德的主體性。」[4]其後他在關於士林哲學倫理學的對照中，則指出士林哲學中的主體性，乃來自於天主照自己的肖像造了人，使人成爲了一個有位格的主體，從而「享有無上的尊嚴」。[5]以此觀之，儒家的主體性概念和天主教中位格的主體性概念是不能簡單對接的，黎建球對此有清楚的認知。但這並不是說，儒家所說的主體性與天主教思想中的主體性完全沒有可銜接的部分，事實上，黎建球自己也曾將孔子所言的「仁者」比之爲一個有位格的主體。[6]然而，由於黎建球人生哲學中所涉及的儒學與天主教哲學的會通非常的廣泛，我們無法一一闡述。因此，本文僅僅就最突出的一些特徵予以論述，這些特徵將能充分反應儒家哲學在黎建球人生哲學中所發揮的作用。

那麼，在黎建球的人生哲學中，究竟在哪些方面，我們可以更清楚地看見儒家哲學與天主教哲學之間的相互會通呢？亦即，在哪些方面，兩套思想的體系是可以相互支持的，並且能夠透過彼此間的強化，形成一個完整圓融的人生圖像呢？在我看來，有兩個最重要的方面，以下將分別予以論述。

㈠從人的內在性來說

1. 性善論

《人生哲學》中，有一篇專門探討人性論，其中的主要內容事實上正是從中國哲學來論述的。正如前所述，黎建球對人的理解是以天主教人學爲基礎的，他在「人性論」篇的第一章（總編第九章）討論人性的意義時首先就指出：「人性不但不是惡的，相反的，還是善的。理由是，當上帝按照自己的肖像造人時，是按照他的精神造人，因此人性原來是善

4　黎建球，〈全球化下的中國生命倫理議題〉，《哲學與文化》30.1(2003): 9。

5　黎建球，〈全球化下的中國生命倫理議題〉，《哲學與文化》30.1(2003): 11-12。

6　黎建球，〈孔子生命哲學對現代的意義〉，《哲學與文化》15.1(1988): 34-35。

的⋯⋯」[7]。

　　這種對人性之善的絕對正向的肯定，同樣見於孟子的性善說。是以，黎建球隨後即以孟子的性善說開始立論（總編第十章），再論荀子性惡論以及性無善惡論、性有善有惡論等。經過這一系列完整的分析，找出中國哲學中人性論的爭執焦點，最終結論說：「即使在主張非性善論的學者中，也可以看出他們對心善的看法是相同的，而心善卻不為善，常是不易為人了解的，除非，心與性在本質上有區別。⋯⋯心與性在本質上，當是一體兩面而已。」[8]他也在孟子的性善論中找到了人生的終極目的，他指出：「人性論的目的既在存性、盡性，其最終目的，就在使這一個盡了性的人性找到歸宿，不然盡性也就白費了。盡性的歸宿，一在養其浩然之氣，一在參天地之化育。」[9]

　　一般而言，性善論往往要面對的就是「性善之人何以會做出惡事」這樣的問題。事實上，「性善」的定義在天主教和儒家之間仍是有差別的。當孟子討論性善時，他其實是針對人性中的「仁義」之善端來立論的。換句話說，孟子本身很清楚地知道，人性還包括了其他的部分，例如，告子就曾經指出「食色，性也」（《孟子‧告子上》）的論點。而當告子說出這個定義的時候，孟子並沒有反駁，他們兩人爭論的焦點一直是仁義的內、外問題（即關於仁義是內在於己的本性或外於己的客觀條件之爭論）。換句話說，孟子其實很清楚人性也包括了一種「生理之性」，如食、色等慾望。這是事實，並且沒有什麼可爭論的。然而，對孟子來說，人性的珍貴，卻是在別處——在人性的那些善端之中。所以，「當孟子說『性善』的時候，他說的性中之『善』是有限定的，專指人性中的仁、

7　黎建球，《人生哲學》，頁82。

8　黎建球，《人生哲學》，頁134。

9　黎建球，《人生哲學》，頁134。

義、禮、智得由之源出的那個部分。」[10]孟子也因此對於性善之人卻會行惡事有了一個明確的說法——人的慾望的不適當發用，才導致了惡。從天主教思想來看，由於人是天主的肖像，這一點使天主教哲學對於人性之善的理解有著一種無與倫比的正向樂觀。但天主教思想對於「性善之人何以會做出惡事」的看法，是從人的「自由意志」出發來理解的。舉例來說，多瑪斯曾說：「天主賜給我們本性之善的共同關係，是本性之愛的基礎。因著這本性之愛，不僅本性完整無損的人，愛天主在萬有之上，勝於愛他自己；而且每一個受造物，各以自己的方式，……也都如此愛天主。」[11]然而，不幸的是，人的自由意志並不完美，它雖然不會為了惡而選擇惡，但卻會為了一個有限的善，而放棄無限的、更高的善；人緊握住某一個有限的小有來對抗存有本身，於是倫理的惡或道德的惡就這樣被帶入了世界。換句話說，自由意志的誤用，是性善之人行惡的原因。

　　從上面的論述中，我們可以看出，性善的觀點，其實在天主教的思想和儒家的思想中，是存在著明確的差異的，這些都是未來我們可以深入開展研究論述的起點。但無論如何，這些差異並不減損兩者之間的相似、相通之處。《人生哲學》中對人性的全面分析，是從中國哲學入手的，孟子的性善思想成為了黎建球闡釋人性的主軸，此一思想無間地與「人是上帝的肖像」所表述出的對人性的積極肯定融合在一起。就會通的部分而論，黎建球採取的是存異求同的進路，這是本文希望能夠指出的要點。

2. 良知說

　　儒家在探討人的道德生活時，非常重視良知。孟子曾言：「人之所不學而能者，其良能也；所不慮而知者，其良知也。孩提之童，無不知愛

---

[10] 何佳瑞，《生命教育與人的超越性：多瑪斯哲學與孔孟儒學的對觀》，新北：輔仁大學出版社，2023，頁109。

[11] Thomas Aquinas, Summa Theologica, II-II, Q. 26, a. 3. (trans. by Fathers of the English Dominican Province, New York: Benziger Brothers, 1946). 中譯參見聖多瑪斯‧阿奎那，《神學大全》第八冊，周克勤等譯，高雄：中華道明會／臺南：碧岳學社，2008，頁77。

其親也；及其長也，無不知敬其兄也。親親，仁也；敬長，義也。無他，達之天下也。」（《孟子‧盡心上》）[12]在孟子哲學中，良知與良能基本上皆出自「心」的作用。「良心即『仁義之心』，亦是人底『性善』之『性』，所以，良心即人之道德心，即人之所以可以爲善的根源。『良知』與『良能』則爲『良心』所有，此亦說明了人所本有之『良心』含有『道德判斷』（良知）與『道德實踐』（良能）的能力。」[13]

　　黎建球對人的道德生活的探討，也非常重視良知的作用。不僅是儒家思想，西方哲學也重視人的良知。在《人生哲學》中，黎建球論述人的道德意識，其內容便是聚焦在人的良知、良心之上。在《人生哲學問題叢錄》中，良知的問題又獲得了更進一步的探討，他指出：中國思想（儒家）中關於良知的內容有三：其一，良知具有先驗義，因爲它是「不慮而知」的；其二，良知具有主宰義，它應是人之一切思言行爲的主宰；其三，正因爲良知具有主宰義，良知也必然「具有判斷力，陽明說：『知善知惡是良知』（《傳習錄》下）。」[14]《人生哲學問題叢錄》對於人的良知問題，顯然有了更深入的探討。除了指明中國哲學中良知的意涵之外，更兼以會通西方哲學關於良知、良心的思想。基於此一會通，黎建球提出了在《人生哲學》中尚未提出的區分，他指出：「良知」與「道德意識」仍有所不同，「良知（理智）是確定客觀道德價值的標準；道德意識則是主觀道德價值的標準。」[15]文中還論及其他數點中西對於人的「良知」看

---

[12] 楊伯峻譯注，《孟子譯注》，北京：中華書局，1960。

[13] 參見賴柯助，〈論孟子「性善說」——「性本善論」或「性向善說」〉，《鵝湖學誌》42(2009): 164。

[14] 黎建球，《人生哲學問題叢錄》，頁286。

[15] 黎建球，《人生哲學問題叢錄》，頁287。在這裡，也許有人會提出「錯誤良心」的例子（錯誤良心指的是客觀上是錯的，但當事人的良心卻以爲是對的），這表明了良心也有其主觀性。然而，這裡的主觀性並不妨礙黎建球在此所稱的一種良心的客觀標準，因爲這是在兩個不同層次上的討論。錯誤良心的成因是在實踐的層次上，當事人可能因爲資訊不足、錯誤認知、自我欺騙等種種原因，而導致了錯誤良心，但這並不妨礙良心在存有學上的客觀性。這種客觀性在天主教的思想中，是來

法的差異之處。這些論及中西差異的要點，在我看來，是有意防範儒家哲學中的「良知」陷入完全的主觀性觀點之中，良知的作用必然在某種程度上超越了人的主觀層面，才有可能成為道德價值的標準。黎建球說：「良知雖然在人性的表現上，屬於人的層面，但，事實上，良知在道德判斷上，是超越了人的本性，因為人的本性的滿足，只能是本性的價值，而不是道德價值，而所謂超越了本性，乃是不只是求本性的滿足，在求絕對的滿足。」[16]

　　為了提供儒家之良知以一外在客觀標準的根源，黎建球提及了陽明的思想，指出「良知來自於天理」。[17]確實如此，儒家對於人之良知的看法，是有其客觀之根源的，無論是陽明的「天理」，或是孔孟所說的「天」、「天命」，皆與人的良知密切相關，而這一超越的外在根源，正是我們下一個部分將會詳細討論的主題。

　　儒家哲學對良知的看法，形構了黎建球人生哲學中關於人的道德生活的重要核心，他在良知的問題上，充分地會通了中西哲學的觀點，並且不斷地有所補充。在〈生命教育的哲學基礎〉一文中，黎建球再次強調倫理價值與良心的重要性，此時，他更進一步點明了良心與真理的關係，他說：「它是真理的呼聲，雖然良心不是真理，但良心卻藉著我們對四周之物的認識，尊奉真理的原則，使自己成為和真理一致化的人。」[18]

自於天主刻畫在人性本性中的東西，如果沒有資訊不足、沒有認知錯誤……等等其他因素的干擾，良心一直以來就是人倫理生活中的重要行動依據，如果沒有這份客觀性，那麼人的良心就真正是人人各憑喜好的自由心證了。

[16]黎建球，《人生哲學問題叢錄》，頁288。

[17]黎建球，《人生哲學問題叢錄》，頁289。

[18]黎建球，〈生命教育的哲學基礎〉，《教育資料集刊》26(2001): 26。

㈡從人的超越性來說

1.有位格的天與超越的終極眞實

　　人的超越性是黎建球人生哲學中最重要的核心概念。「超越」這個概念，意味著人有著一個「超出」他自身之外的朝向。對此，黎建球不僅在關於人生哲學的兩本書中，也在他的許許多多的論文中一再強調這一事實。人所最終朝向的，在儒家哲學中，即是「天」。「天」就是儒家哲學中的終極眞實（ultimate reality）。

　　對於「天」的理解，黎建球上溯至《書經》與《詩經》中的「天」，指出「天的特性除了在《書經》及《詩經》中，證明上帝乃一至上神並有正義、仁慈、全能的特性之外，天還有處所、天堂之義。天既可作爲一專有名詞的至上神，也可以作爲物質名詞的地方義……」[19]順著此一脈絡，黎建球看見孔子哲學中的一種宗教情操，他說：「很多人，都以爲孔子是一位沒有宗教情操的人，其實不然，孔子的宗教情操，乃是上承《書經》、《詩經》的精神。」[20]

　　黎建球隨後羅列了《論語》中十七處與「天」有關的論述，如「五十而知天命」（《論語・爲政》）、「獲罪於天，無所禱也」（《論語・八佾》）、「子見南子，子路不悅。夫子矢之曰：『子所否者，天厭之，天厭之。』」（《論語・雍也》）、「天之未喪斯文也，匡人其如予何。」（《論語・子罕》……等。在其中，我們皆可見「天」的意涵極爲豐富，它不僅僅是後來儒者所描繪的作爲人之「道德的形上根源」的天，同時還是一個可以受人禱告（獲罪於天，無所禱也）、有所喜有所不喜（天厭之）且有意志（天之未喪斯文也，匡人其如予何）的「天」。

　　據此，黎建球指出「孔子信神、信天。不只是相信一個無可奈何的天，而是相信一有位格的神……。」[21]黎建球在此將孔子對天的理解，與

---

19 黎建球，《人生哲學》，頁156。

20 黎建球，《人生哲學》，頁397。

21 黎建球，《人生哲學》，頁400。

天主徒對上帝的理解會通了起來。當代的新儒家學者，多將「天」視爲一超越的、形上的道德實體，而不將之視爲有位格的「天」。然而，黎建球卻從《詩經》、《書經》出發，一路來到孔子的思想當中，將一個有意志的「天」概念高度發展了起來。筆者個人以爲，新儒家從無位格的道德實體來詮釋「天」有其當代中國哲學發展的意義與價值，其中有些學者嚴格地拒絕有位格之天的可能性，但其中也有部分學者在宗教交談的過程中，注意到並且也承認「天」所具有的豐富意涵中，包括了有意志的天的面向。例如，蔡仁厚就曾說：

> 我們可以這樣說：天道的外在化，是「人格神」——如天帝、上帝、天主、耶和華、梵天、阿拉皆是；天道的內在化，便是「自由無限心」，如儒家的道德心（仁心、本心、良知），道家的道心，佛教的如來藏自性清淨心，皆是。[22]

　　蔡仁厚自身並未以一種位格神或人格神的方式來理解「天」，但是他承認「天」也具有這一外化的位格神的面向，這一點是很重要的。

　　近幾十年來，當代人身處於一種全球化、多元文化的脈絡中，我們的研究應該越來越朝向一種多元且開放的方向前進。「天」的內涵不應閉鎖在一個抽象的形上實體概念之中，「天」在孔子的思想中那充滿生命力、活活潑潑的「天」，也應重新回到我們的視野中來。黎建球對「天」的位格性詮釋，正可以爲這樣的「天」寫下最好的註腳。同樣的，基督宗教的神學也出現了一些新的聲音。例如，一個有位格的天主在過去是對天主的唯一詮釋，但當代也有神學家Yves Raguin（S. J., 1912～1998）強調天主

---

[22] 參見蔡仁厚、周聯華、梁燕城，《會通與轉化：基督教與新儒家的對話》，臺北：宇宙光，1987，頁28-29。

是超位格（super personal）的，沈清松由此指出：

> 因爲上帝雖然是位格的，但也有非位格的一面，例如，上
> 帝以其永恆律（eternal law）治理宇宙，這些律法則完全
> 是非位格的。爲此，他（按：甘義逢）說上帝是超位格
> 的。[23]

　　我們可以說，無論儒家哲學或天主教哲學，其實都在朝著一個更廣
闊、更豐富的道路上前進，正因如此，不同文化在思想上的會通，才能眞
正結出相互補充、相互豐富的美好果實。

　　此外，黎建球除了看見「天」所具有的位格性意涵之外，他也強調
「天」的外在性特徵。傳統儒家一路發展下來，實有將「天」的概念逐漸
收攝入人的主體之中的趨勢。在〈從儒家哲學的超越觀看羅光主教的天人
合一〉一文中，黎建球從人的外在超越的角度，強調有一外在超越實體的
眞實存在，作爲人生命超越的朝向和依歸。他從《中庸》的「天命之謂
性，率性之謂道，修道之爲教」出發，表明「天命、率性、修道之三階段
可謂超越的三階層，由修道、率性而知天命、行天命。從超越的種類來
而言，就內在或外在超越而言，本文定義內在超越爲超越人的稟賦及能
力，外在超越定義爲超越人的意義與價值，與外在實體的意義與價值相
參。」[24]

　　如果人的超越只侷限在自身之中，那麼人的超越將永遠只是在人自己
的有限性當中打轉，這一點是黎建球深刻體會到的。他在下面這段文字之
中，展現出了他作爲一位基督徒儒者的人生理想，他說：

---

[23] 沈清松，《形上學》，臺北：臺大出版中心，2019，頁250。
[24] 黎建球，〈從儒家哲學中的超越觀看羅光主教的天人合一〉，《哲學與文化》32.2(2005): 5。

儒者的超越，不是僅僅發展其內在的主體即夠，必須有內
在的主體的修養，進於內在的主體超越，在進而達外在的
超越，更進而與超越的本體合一，如此儒者的使命才算完
成。[25]

2. 人生命的終極意義與價值

我們從上述關於人的超越性的討論中已經發現，人的超越不可能在封
閉的主體性中獲得真正的滿足，一個外在於我們的、超越的終極真實，才
有可能打破人的這種侷限性。黎建球在〈以價值系統建立安身立命之基〉
一文中說道：

> 就宗教的升華而言，如果道德的目的直接關涉到安身立命
> 的內在需要時，則內在最終的需要必然指涉到終極的關
> 懷，天人的關係，人與未來世界的連結，而這些在人類現
> 世層面的價值而言，顯然是將人從俗世超拔到來世，從短
> 暫指引入永恆，而這種永恆的需要，基本上就是人類尋求
> 安全感的最後屏障，沒有永不後悔的依賴，又如何能有義
> 無反顧的投擲呢？[26]

上述的內容，黎建球從人的一種內在需求出發，最後指向了人的一
種終極的關懷，讓他從短暫的現世，超拔並通向永恆；讓他掙脫人的有限
性，踏上朝向無限的歸途。正如義大利的形上學畫家Giorgio De Chirico所
畫的《無限的鄉愁》（1913）一般，這是所有人類生命的終極課題，因
為只有人從自身的有限性中完全掙脫出來，才可能真正達至生命的圓滿。

---

[25] 黎建球，〈從儒家哲學中的超越觀看羅光主教的天人合一〉，《哲學與文化》32.2(2005): 8。

[26] 黎建球，〈以價值系統建立安身立命之基〉，《哲學與文化》19.4(1992): 325。

生命的過程中，我們總是帶著鄉愁，除非從有限走向無限、從短暫走向永恆、從不完美走向完美，人類才算是真正的歸家，否則，在人的身上的那對無限的鄉愁，將永不消失。

　　黎建球一再強調，「人性的本質乃是希求完美，不達到完美，絕不會使人滿足的，必須有更高的目標……。」[27]儒家思想所表述的最高生命理想，無非就是天人合一。在《人生哲學》中，黎建球在第九編〈結論〉的部分探討人生的理想，並且總結說：「……人生理想，乃是有一終極的目標，這一個終極的目標就是要達到天人合一的結果。」[28]

　　關於人生理想的論述，可以說是任何一套「人生哲學」之中的重中之重。對於人生理想的理解，決定了一個人的生命最終可以活出的高度、深度與厚度。黎建球在《人生哲學》的最後一編，以天人合一的理想貫穿全編，展現出了儒家天人合一思想在其生命實踐中無法取代的重要性。由書中的呈現觀之，黎建球所述的「天人合一」境界，事實上已經完成了一種天主徒與儒者毫無罣礙的結合。一個儒者走向天人合一之境界，與一個天主徒走向天主的征途，是完全合拍的，它們都是由有限通向無限、由短暫通向永恆、由缺乏通向完滿的過程。

　　儒家的「天」的特徵，也與天主教哲學中的上帝融合在一起，這一點可由黎建球對「天」的描述可知：「天具有人格義」、「天具有真善美」、「天是正義，大公無私的」。[29]這些特徵，正與一位基督徒對天主的理解相通。同時，在朝向天人合一的過程中，黎建球將之描述為人與天的合作狀態。他說：「……這種超越的自我，就是人走向與天合一的進程。所以天人合一的意義，就是在人超越自我之後，所達到的與天合作的

---

[27] 黎建球，〈人生哲學問題研究——義與利〉，《哲學與文化》8.12(1980): 52。

[28] 黎建球，《人生哲學》，頁461。

[29] 黎建球，《人生哲學》，頁462-466。

狀態。」[30]人與天主的合作，也是天主教哲學理解天主與人之間的關係的一種方式：人雖是一個有理智、有意志、可以自己作主的存有者，但是他卻是向天主的恩典開放的；為獲得生命的幸福與完滿，他不能什麼都不做，天主幫不了一個什麼都不做的人，因此，他需要自己不斷努力地修養和精進，然而，這並不意味著他能夠完全憑藉著自己的能力達到終極的完美與無限，因為無論如何，他仍是一個有限的實體，而一個有限的實體，是給不出任何可資憑藉以通向無限的條件的。因此，只有靠著天主的恩典，由無限者自身提供出這樣一種從有限通向無限的條件，人才有可能真正達至無限。換句話說，人只有在與天主恩典的合作下，他才能達至生命的絕對自由、完滿與無限。就這樣，黎建球依據其所見天主教思想與儒家思想的相通之處，將兩者鎔鑄為一套完整且有系統的對人生的論述。於是，在黎建球人生哲學思想中，人對天人合一的渴望與追求（天人合一也是人生的最高理想），一方面蘊含了儒家思想的精華，另一方面則與天主教思想中天主與人的關係交融在一起，彼此相互闡發、相互豐富。

此外，我們須指出的是，「天」的概念和「上帝」的概念這兩者之間的比較，其實是一個非常複雜的議題，它們不可能被完全等同，而且事實上，我們不應該也不需要將兩者完全等同。這個議題，其實已經超出了本文討論的範圍之外了，所以我們將不展開論述。本文旨在指出黎建球會通兩者的方式，這是他實踐其作為一位儒者天主徒的生活方式，他正是用這樣的方式，活出了一種將中西思想融於一爐的生命體證。

四、結論

黎建球的人生哲學，將中西思想融為一爐，其中儒家思想與天主教思想的相契合之處，無論是在「人的內在性」或是在「人的超越性」上，其精義皆獲得了充分的發揮。本文的目的正在於指出黎建球人生哲學中儒家

---

30 黎建球，《人生哲學》，頁467。

哲學的要素，並藉此看見一個天主徒與儒者生命的美好交融。

　　黎建球教授是學生的授業恩師，他的著作極豐，即使在擔任輔大校長工作繁重時期，仍然有學術研究的產出。從學生時代至今，我所見的恩師從來沒有一刻懈怠過，在通向天主的征途上，他是一個真正的鬥士，他從來不害怕背起自己的十字架，總是拼盡全力，完成了許多在別人眼中看起來難以達成的任務；他也是一位儒者，一生都在做著成己成人的事情，受過他恩惠的學生與同儕更是無數。

　　身為老師的學生，我的所學所知仍然非常淺薄，本文所述關於老師的學術思想，只是其一生學術研究中非常狹小的一隅。老師一生所學的精華，有許多都應用於哲學諮商當中，他在其學術的成熟時期，發展了哲學諮商的領域，並透過哲學式的思考幫助了許許多多的人。人生哲學作為黎建球老師哲學思想的基礎，他對於人及人性的一貫理解，事實上也融進了其後所發展的哲學諮商研究當中。C.I.S.A.理論是老師提出的哲學諮商方法，其中包括了覺察（Consciousness）、洞見（Insight）、靈動（Spiritual Moving）及超升（Ascend）四個步驟，[31]而最後一個「超升」的階段，事實上正顯示出了老師對於人性中的超越特徵的強調與重視，而這一份對超越的強調也隨後成為了其哲學諮商理論中一項重要特色。

　　隨著年齡的增長，我自己對於天主教思想與儒家思想的理解也有了一些新的體會。本文藉著「黎建球人生哲學思想中的儒家生命哲學」這一主題，重新探索儒家思想與一個基督徒的生命交融。研讀老師文章的過程中，有許多我過去無法真正理解的東西，今日竟以新的、富有活力的樣貌向我呈現出來，我是在充滿喜悅與感悟當中完成這一篇論文。在黎建球教授八十大壽之際，僅以此文獻給我最敬愛的恩師！

---

[31] 黎建球，〈C.I.S.A.理論的實踐與應用〉，《哲學與文化》34.1(2007): 5。

參考文獻

于斌，《三知論》，臺北：自由太平洋文化事業公司，1965。

何佳瑞，《生命教育與人的超越性：多瑪斯哲學與孔孟儒學的對觀》，新北：輔仁
　　大學出版社，2023。

沈清松，《形上學》，臺北：臺大出版中心，2019。

楊伯峻譯注，《孟子譯注》，北京：中華書局，1960。

聖多瑪斯・阿奎那，《神學大全》，周克勤等譯，高雄：中華道明會／臺南：碧岳
　　學社，2008。

蔡仁厚、周聯華、梁燕城，《會通與轉化：基督教與新儒家的對話》，臺北：宇宙
　　光，1987。

黎建球，〈C.I.S.A.理論的實踐與應用〉，《哲學與文化》34.1(2007): 3-17。

黎建球，〈人生哲學問題研究——義與利〉，《哲學與文化》8.12(1980): 51-53。

黎建球，〈孔子生命哲學對現代的意義〉，《哲學與文化》15.1(1988): 32-39。

黎建球，〈以價值系統建立安身立命之基〉，《哲學與文化》19.4(1992): 318-
　　325。

黎建球，〈生命教育的哲學基礎〉，《教育資料集刊》26(2001): 1-26。

黎建球，〈全球化下的中國生命倫理議題〉，《哲學與文化》30.1(2003): 3-17。

黎建球，〈從儒家哲學中的超越觀看羅光主教的天人合一〉，《哲學與文化》
　　32.2(2005): 3-20。

黎建球，《人生哲學》，臺北：三民書局，1995（第七版）。

黎建球，《人生哲學問題叢錄》，新北：輔仁大學出版社，1998（第三版）。

賴柯助，〈論孟子「性善說」——「性本善論」或「性向善說」〉，《鵝湖學誌》
　　42(2009): 139-187。

Aquinas, Thomas. *Summa Theologica*. Trans. by Fathers of the English Dominican Prov-
　　ince. New York: Benziger Brothers, 1946.

多元與共融：祝賀天主理念的踐行者黎建球八秩華誕

周明泉

天主教輔仁大學哲學系副教授

摘要

　　本文將透過人生哲學與哲學諮商所內蘊的思想理論與實踐方法，證成黎建球為現代人所重構的價值體系與實踐策略，不僅體現多元與共融的哲學慧思，同時也成為一位不屈不撓的天主理念的踐行者。筆者首先將剖析黎建球面對現代社會處在多元主義的事實之中，如何積極建構符合現代人追求的宗教情操與生命精神的學思理論與實踐方法。其次，筆者將研析黎建球所建構的人生價值與意義體系，以及其所倡導的哲學諮商CISA理論與實踐方法，並進一步在證其哲學思想與脈絡，實為踐行天主理念，朝向共融社群而發展。最後，筆者肯認其一生為融合基督宗教與中華文化而努力，並對中華新士林哲學的現代性問題做出卓越之貢獻，藉此祝賀天主的踐行者八秩華誕。

關鍵字：黎建球、多元主義、人生哲學、哲學諮商、CISA

一、前言

　　我們從1976年出版的代表性著作《人生哲學》一書的鋪陳結構就可以清楚看出，黎建球一生專心致力於實踐哲學的建構，在題材上廣涉中西哲學；在方法上採取比較哲學的研究途徑；在論述上從宇宙論、人性論、生命精神、道德生活、藝術修養、政治思想、宗教情操到人生理想等。具體

的說，黎建球早期基於生機論（Vitalism）立場探討生命的現象與性質，
主張宇宙是一個充滿生命，生命的普遍流行之所在。[1]此外，他援引中國
人性論的主張，詳盡剖析人性的本質與有限性，進而揭示人類的超越本
性，[2]證成人類生命精神的發揮，必然朝向天人合一的圓滿境界。不過，
黎建球圖構實踐哲學的目標，主要是爲現代人提供一套人生哲學的理論架
構，作爲引領現代人生活方式的哲學理念以及行爲準則，藉以指導現代人
實現自我的人生目的，以達天人合一的圓滿結局。在他看來，生命精神是
無限的，其意義與目標在於能夠頂天立地，與天地共化生，[3]以達至人生
的圓滿與圓融而又和諧的天人關係與天人境界。[4]

　　不過，在2001年休假前往美國異地研究時，黎建球接觸了哲學諮商
（philosophical counseling），[5]從此他的哲學思想產生了變化，也就是從
主體哲學的建構理路轉向爲互爲主體性的；從自我反省達至自我實現的意
識哲學，轉向整合與普遍的人文主義；從生命倫理的探究轉向自我幫助他
者的助人哲學（哲學諮商）。誠如他在早期說：「哲學的興起不只是要設
法解答人生的矛盾與痛苦，也希望能對現代人提供一套完整而有價值的體
系，藉著這一個體系，使得每一個現代人都能有一個充滿人性意義與人生
價值的生活準則」。[6]不過，晚期他更加強調，「人活在世上，我們不可
能不意識到『自我和諧關係』、『人我和諧關係』、『物我和諧關係』的
重要性」。[7]

　　具體地說，黎建球早期從「實踐哲學」（practical philosophy）的角

---

[1] 參照黎建球，《人生哲學》，臺北市：三民書局，1995，第七版，頁67。

[2] 參照黎建球，《人生哲學》，頁151-152。

[3] 參照黎建球，《人生哲學》，頁177。

[4] 參照黎建球，《人生哲學》，頁174。

[5] 黎建球，《哲學與諮商論文集》，新北市：輔仁出版社，2019，頁3。

[6] 黎建球，《人生哲學》，頁1。

[7] 黎建球，《哲學與諮商論文集》，頁45。

度，為現代人尋找指導人類行動的普效性價值體系、生活準則或行為指導原則，晚年則更加重視「哲學實踐」（philosophical practice），具體落實愛人與助人的行動哲學。對他而言，哲學實踐得以透過哲學諮商加以落實，[8]因為哲學諮商就是用哲學助人，以互為主體性的哲學對談方式協助案主重構自我。實踐哲學與哲學實踐猶如生命與生活一體兩面，理事不二、體用一如，因此從實踐哲學到哲學實踐的轉折，使其哲學生命透過真實的哲學生活得以獲得表彰與顯揚。

　　於本文，筆者將透過以下面向來證成黎建球何以被視為天主理念的踐行者。首先，筆者將剖析黎建球面對現代社會處在多元主義的事實之中，如何建構符合現代人追求真善美聖的宗教情操與生命精神的學思理論與實踐方法，積極轉向普遍與整全的人文主義。其次，筆者將研析黎建球所建構的人生價值與意義體系，以及其所倡導的哲學諮商CISA理論與實踐方法，並進一步佐證其哲學思想與脈絡，實為踐行天主理念，朝向共融社群而發展。最後，筆者肯認黎建球一生為融合基督宗教與中華文化（基督聖愛與儒家仁愛）而努力，並對中華新士林哲學的現代性問題做出卓越之貢獻，藉此祝賀天主的踐行者八秩華誕。

二、邁向整合與普遍的人文精神與生命價值

　　後形上學時代，我們所身處的後世俗社會，呈現多元主義的事實，進而衍生現代人諸多的社會病態行為：另一方面，由於現代人遺忘關係存有，單子式的孤寂生活，混亂與弔詭的價值取向，造成人際之間疏離與異化，導致人類行動的意向性迷失，喪失追求生命卓越化提升與超越的渴望，因此，黎建球在《人生哲學》一書中提出告誡：「我們必須學習如何在現世社會中獲得生命的意義及生活的解答。」[9]在他看來，人生哲學的

---

8 參照黎建球，《哲學與諮商論文集》，頁4。

9 參照黎建球，《人生哲學》，頁484。

方法，由人出發，因為人是萬物的中心，也是認識萬物的起點，因此我們
要先知人，才能知命，而後知天，達到天人合一的目的。[10]詳盡地說，知
人的基礎在於知己，正心誠意而能知己；知己的目標在於知彼，透過格物
致知而能知彼；知物的基礎在於知彼，其目標是心物合一的宇宙生命精
神；知天的基礎在於心物合一的宇宙生命精神，其目標達至天心，也就是
天人合一的境界。他說：「知物就是以知彼的格物致知為基礎，而與知天
的連結乃是宇宙生命精神，宇宙生命精神既是知物的最高境界也是知天的
基礎，而知天的最高境界，就是達到天的本體」。[11]可見，「人生哲學的
目的在知人、知物、知天。其精神乃是真善美聖，其方法乃是經過理性的
選擇，智慧的眼光，找到西方的精神及中國的精神，兩者加以融合而成
的」。[12]所以對黎建球來說，人生哲學不僅是一種思想，也是一種行為準
則，我們得以藉此引領人生與價值取向，達到人生的目的，進入天人合一
的圓滿結局。[13]

　　不過在筆者看來，黎建球早期主張人生哲學是由從人出發，由「知
人」開始，這樣的思維理路無疑是立基於主體哲學或意識哲學之上，依舊
仰賴主體理性意識的自我覺醒、自我批判與自我反思的能力，使自我不斷
地超克與自我提升，以期達至靈魂完滿與自我的整全，可見，他在早期尚
未擺脫主體哲學式的思維窠臼。不過，黎建球的美國之旅，使其思想產生
了具體轉變：由主體哲學轉向互為主體性的建構理路，進而將實踐哲學奠
基在整全與普遍的人文主義為基礎之上。

　　然而，何謂整全與普遍的人文主義呢？黎建球強調，所謂人文主義
（Humanism）是以肯定人性價值為取向的學說，因此，他所指的人文主

---

[10]參照黎建球，《人生哲學》，頁484。

[11]黎建球，《人生哲學》，頁495。

[12]黎建球，《人生哲學》，頁506。

[13]參照黎建球，《人生哲學》，頁502。

義，並不是以人爲中心的人本主義（Anthropocentrism）：「人文主義接受人的有限性，人必須超越自己之後，才能獲得人的尊嚴及力量；而人本主義則否定神的價值，以爲只有人自己才是最可靠的，才是無限的，人是自己的神，不需要外在的、超越的力量，人依靠自己就可以。」[14]這種以人類爲中心或本位的人本主義——不同於馬斯洛（Abraham Harold Maslow, 1908～1970）所倡議的人本主義心理學——認爲「人類的偉大性被一個他者不適當地占有」；[15]普魯東（Pierre-Joseph Proudhon, 1809～1865）稱此種人本主義爲反神論、新無神論或無神論的人本主義；呂巴克（Henri de Lubac, 1896～1991）神父在其所著的《無神論的人本主義的悲劇》一書中指出：大部分實證主義論者、馬克主義論者以及尼采主義論者都以無神論的人本主義角度，推著我們人類遠離神。[16]

　　這種反基督宗教的人文主義或無神論的人本主義意識到唯一的神即是其自身，許蒂納（Max Stirner, 1806～1856）在《唯一者及其所有物》（Der Einzige und sein Eigentum）一書中，更直接地說：「我是神」（Ego mihi Deus），並企圖在個人主義與無政府主義的思維脈絡中尋找解放人的方案。[17]一旦現代人徹底遺忘原始存有關係，無視人的社會本性的共同社會秩序，它所承載的是現代主義的遺毒，是人類的再一次墮落。儘管無神論的人本主義也奠基在現代性、自主性原則之上，但其僅憑藉個體意志的任性與任意，使多樣性、多元性或差異性人類思維模式、道德抉擇、文化與宗教信仰成爲證成相對主義與虛無主義的合理性理由，造成現代社會的異化和現代精神的物化，使現代人陷入單子式的生活形式，這種單子式的獨居生活封閉自我，使人格產生扭曲變形，衍生強烈的孤寂感與各種焦

---

[14]黎建球，《哲學與諮商論文集》，頁45。

[15]亨利・德・呂巴克（Henri de Lubac），《無神論的人本主義的悲劇》，臺北市：唐山，1984，頁7。

[16]詳見亨利・德・呂巴克（Henri de Lubac），《無神論的人本主義的悲劇》，頁XXIII。

[17]Max Stirner, Der Einzige und sein Eigentum: Nachw. u. hrsg. v. Ahlrich Meyer (Stuttgart: Reclam, 1986).

慮。孤獨與焦慮驅使人們逃避自我，隨波逐流並投入喧譁、進而成為不折
不扣的娛樂物種。

　　但是筆者認為，多樣性、多元性與差異性原則，無法成為相對主義與
虛無主義的證成理由，誠如朱熹的「理一分殊」或禪偈的「月印萬川」所
揭示的哲理一樣──天理與月亮展現的樣態儘管多樣、多元或差異，但是
天理與月亮僅是唯一。質言之，多樣、多元或差異得以朝向共融，多元主
義的事實依舊有形成客觀與普遍的交疊共識之可能。誠如，黎建球欲以整
合的價值重建人文精神，[18]或透過士林哲學與中華文化的交談與融合建構
輔仁學派未來發展的模式等等，[19]無一不體現其思維體系展現多元與共融
的特徵。由上可知，黎建球所主張的整全與普遍的人文主義不是一種人類
中心主義也不是一種無神論的人文主義。而是一種能創造社會、經濟和政
治新秩序的人文主義，也是唯一符合天主愛的計畫的人文主義。

　　之所以如此，因為黎建球所指的整全（Integrated）觀點，意指我們
不僅要認清人類身體的生理機能與動物性本能，都是隸屬大自然的一部
分，依循著自然主義的因果必然律則，同時我們也要意識到人是上帝的肖
像，是萬物之靈，其精神理性或靈性得以依據自身自由意志進行理性抉擇
與自我提升，趨向完善與成熟的人格。換句話說，一旦我們採取整全的人
文主義精神的立場，意味著我們的人文思考兼顧生理與心理、身體與靈
魂、理智和意志，如此一來，個人的生命方能予以定位，個人的生存才具
有意義，人性的價值才能彰顯其光輝。[20]至於，「普遍的」（universal）
的人文主義，所指為何呢？他說：

　　　所謂普遍的意思，就是要有開放的精神，如果不開放就不

---

[18]參照黎建球，《哲學與諮商論文集》，頁97-108。

[19]參照黎建球，《哲學與諮商論文集》，頁111-112。

[20]參照黎建球，《哲學與諮商論文集》，頁46-47。

可能達到普遍的意義。再則，要具有包容的精神，有包容，才能容許不同的見解，也才能去體會他人的意見。三者，就是要有愛的精神，有愛才能有那耐性去面對那些不如意及不同的見解，因爲有愛，所以相信他人、接納對方。因此，普遍的人文精神是以開放、包容及愛爲其基本意義，也只有在這種精神及條件下，才能面對各種不同的時代風貌，接受不同的見解，並有耐心去面對及解決，但這不是僅對人而言，而是指對宇宙的根源及世界秩序必須同時兼具。[21]

　　可見，在整全與普遍的人文主義的觀點之下，也就是在包容、開放與愛的關係存有中，自我肯認他者的他在性，自我「發揮個人的能力，使他人受到關懷和照顧，也是自己因負責積極的態度而贏得尊重，生命獲得滿全」。[22]如此一來，自我與他者互爲主體，彼此相互肯認，自我在他者之中發現了自身，正如他者在自我之中發現了它自身一樣。就像黑格爾在《精神現象學》中所說：「自我意識只有在另一個自我意識中才能獲得它的滿足。」[23]不過，人類只有在有限的自我，意識到他們自身是無限的時候，以及在無限透過有限的自我，意識到其自身的時候，精神才存在。換言之，在整全與普遍的人文主義的基礎之上，人類正視自己的有限性，在內心深處意識到無限，並對無限產生強烈的渴求，在「自我超越」與「自我實現」的相互辯證之下，使自我內在本性的超升得以全面展開，並與多元他者建立一種共融關係，藉此建立起符合眞善美的宗教情操與生命精神。

---

[21]黎建球，《哲學與諮商論文集》，頁47。

[22]黎建球，《哲學與諮商論文集》，頁49。

[23]G. W. F. Hegel, *Phänomenologie des Geistes* (Hamburg: Felix Meiner Verlag, 2015), S.108.

　　根據上述，我們不難看出，黎建球具有形上學性格的人生哲學，承繼中華新士林哲學的思想傳統，與前人一同思索超克中華現代性困局的出路，使其成爲第二代中華新士林哲學的中流砥柱。[24]他的哲學理路不僅延續羅光融通中國哲學與士林哲學所型塑的形上生命哲學體系之理路，同時也承合于斌的三知論與李振英（別號李震）的開放的人文主義，力圖在人的有限性上，揭示人性本有的超越性向度，進而邁向整合與普遍的人文主義。不僅如此，在筆者看來，黎建球立基於「整全與普遍的人文主義」所建構出的共融關係，完全展現教會社會訓導「整全和團結關懷的人文主義」的眞諦，即召叫自我與多元他者共融。

三、CISA作爲實踐哲學的行動綱領與助人方法

　　黎建球同意李振英的見解，認爲整全與普遍的人文主義「能夠把二十一世紀帶入一個更開放、更多元化，更能展現人與人的相互尊重，並共同追求眞善美聖的時代」。[25]爲了具體回應「召叫自我與多元他者的共融」，面對多元主義社會的事實，以及歷史和社會的變遷，黎建球積極思索以哲學實踐助人的方式。在2005年，黎建球爲臺灣哲學諮商構思了一套CISA法。「所謂CISA的C是覺察（consciousness）、I是指洞見（insight）、S是指靈動（spiritual moving）、A則是指超升（ascend），

---

[24]「中華士林哲學」是一個源遠流長，自利瑪竇迄今已有四百餘年的學派，且是西洋哲學史上第一個由西方中世紀起的士林哲學與其他思潮融合而有的新士林哲學，也是中國哲學領域中，第一個融合的思想體系與流派」。根據沈清松教授見解，融合士林哲學與中國哲學的中華士林哲學的傳統，在臺灣天主教輔仁大學獲得繼承與發展，如于斌、羅光與李震等人的積極貢獻，將中華士林哲學進一步發展成爲「中華新士林哲學」，積極處理中華新士林哲學與中華現代性的出路問題（上文摘自周明泉主編的《邁向多元他者—當代中華新士林哲學及其發展》一書之序文）。黎建球教授與沈清松教授皆授業於第一代中華新士林哲學家的門下並承繼師志，因此被視爲中華新士林第二代主要代表性學者。

[25]參照黎建球，《哲學與諮商論文集》，頁9。

這種方法不但是一種過程，也是一種帶向身心靈成熟的方法」。[26]在〈CISA理論的實踐與應用〉一文中，他詳細說明了運用CISA的條件：

> 首先，作為哲學諮商師必須具有覺察「當下問題」與透視「問題產生背後」所深藏的問題根源的能力，以便能夠協助案主透過自我覺察、覺察他人與關係覺察，進而產生自我解決問題的能力，建構一套適合自己的人際關係網絡，並有能力持續妥善經營這份關係。其次，面對雜亂無序的思緒，與各種價值衝突的情境，哲學諮商師必須具有洞察事理的敏銳能力，以便引領案主層層推進洞察盤根錯節的問題根源以及檢視價值衝突之所在，使案主得以從失序的生活中解脫，重獲理性規劃符合美善生活的能力。再則，所謂靈動的能力，指的正是靈動反詰的能力，是一種活潑化、轉念的動力，而這種轉機或所謂樞紐的能力，是必須透過各種反詰、可能性的探索，這種能力在哲學諮商師身上特別展露無遺。哲學諮商師協助案主轉換思維，同時還必須自我不斷反詰的詢問、思索、探究自身，如此才能有源源不斷的活水源頭產生，也就是所謂不斷地型塑（躍升）出自我成熟與完整的人格。最後，哲學諮商師必須擁有面對情緒、價值觀的超升能力。所謂的情緒超升的能力，指的就是哲學諮商師能夠不受案情影響，不受個人情緒化作用，左右自己應有的理智判斷。所謂的價值超升的能力，指的正是與案主價值理念產生衝突時，哲學諮商師不會產生價值偏見，使案主陷入自我膠著狀態。[27]

---

[26] 參照黎建球，《哲學與諮商論文集》，頁39。

[27] 參照黎建球，《哲學與諮商論文集》，頁39-44。

　　不過，哲學諮商與心理諮商不同，也不是一種精神治療：在一九八
〇年代，德國哲學家阿亨巴赫（Gerd B. Achenbach）不滿心理諮商或精神
治療將人生問題視爲一種疾病，因此提倡一種哲學實踐或哲學諮商，直到
《柏拉圖靈丹》出版，證明哲學諮商的有效性，使得哲學諮商受到社會與
學界的重視。不過哲學諮商並不是一種精神科治療，因爲精神科治療多採
取藥物治療，將案主視爲病患，將其精神問題視爲一種疾病加以控制與治
療。此外，儘管哲學諮商與心理諮商都是透過與案主眞誠的談話或對話關
係進行諮商，不過心理諮商仍以治療爲取向，強調心理諮商師的技匠能
力；哲學諮商不是以治療爲目的，主要幫助案主釐清自身問題，並建構自
己解決問題的能力，因此哲學諮商師不提倡用藥，更加重視提升案主理
解、詮釋、批判與實踐的行動能力，藉此協助案主定位自己的價值、審視
自己的理念，使其認清自己的處境，並提升理性思考判斷能力與自我覺察
的敏感度，進而培養出健全的人格特質，「以正向的觀點檢視自己可以改
變或發展的方向，並以積極的態度規劃自己未來可行的方法或方向」。[28]
由此推知，「哲學諮商的目的就在藉由概念的澄清、價值的定位、方法的
尋求及建構以達達到助人的目的」。[29]

　　在〈哲學諮商的三項基本原則〉一文中，黎建球講述了哲學諮商的
三項基本原則，即：沒有病人的觀念、價值引領及互爲主體性的關係。對
他而言，哲學諮商不僅是處理憂鬱症出現以後的狀況，反而更加重視憂鬱
症出現之前的狀況。然而不論病發前、病發中或病發後哲學諮商的基本原
則是在「沒有病人的觀念」之下，協助案主釐清觀念、解除困惑以面對問
題。其次，哲學諮商師使用價值引領的方式，讓案主面對自己的處境，覺
察自身之後，進行價值定位，進而使案主能夠積極、正向與樂觀地去重構
自己的人際關係。但是，從價值定位到重建自我的過程不是醫病關係，而

---

[28] 參照黎建球，《哲學與諮商論文集》，頁58。

[29] 參照黎建球，《哲學與諮商論文集》，頁60或頁75。

是相互學習、互相扶持的互為主體性關係。最後，互為主體性關係意指哲學諮商師與案主都是單獨的主體，在諮商過程中彼此所涉及對日常生活的討論及困難是可以互相交流、學習、澄清及不使雙方失去主體性的。[30]

在筆者看來，黎建球所建構的人生價值與意義體系，以及其所倡導的哲學諮商CISA理論與哲學實踐方法，實為踐行天主理念，朝向共融社群而發展的實踐哲學。不過上述，筆者所指稱的「天主理念」一詞所指為何呢？誠如大家所熟知，天主是真理、道路與生命，是所有真實理性的根本，世界的生成更是出自於祂的創造理性與施恩意志。此外，本篤十六世（Benedikt XVI）於2005年12月25日所頒布的「社會通喻」（Sozialenzyklika）《上帝是愛》（Deus Cartias Est），開宗明義指出「上帝即是愛」。於2009年6月29日所頒布的《在真理中的愛》（Caritas In Veritate），他進一步訓示我們要以天主的愛來解釋與引導倫理責任。[31]對筆者而言，自然之道與宇宙生命的生成變化既是天主聖愛的自我揭露與自我開展。由此推知，我們所信唯一的至公、至聖的天主即是愛（若一4:8），堅持服膺天主之愛即服膺天主之理念；換個角度說，天主教信仰的理念，就是天主的理念。但是，天主教信仰不是僅止於接受一套關於天主的理念與教義而已，而是要實際付諸行動去愛人與助人。可見，天主的理念是具有可實踐性的理念，教會的社會訓導就是實踐天主愛的理念之行動綱領與實踐方針，以期勖勉天主教教會與信徒，體現天主的愛，並朝向祂邁進，以因應全球化的巨大挑戰。

黎建球立基於整全與普遍的人文主義所建構出的共融關係，不僅承行天主愛的計畫符應教會社會訓導「整全和團結關懷的人文主義」，同時，他所提倡的哲學諮商的三項助人原則，在天主愛的計畫中，更落實了天主

---

[30] 參照黎建球，《哲學與諮商論文集》，頁21-35。

[31] Vgl. Papst Benedikt XVI, *Liebe In Wahrheit (Caritas In Veritate). Die Sozialenzyklika* (Augsburg: Sankt Ulrich Verlag, 2009), S.48.

教社會教會訓導所創發的「輔助性原則」（principle of subsidiarity），著實體現基督徒共融的天主理念，形成人類彼此團結關懷與相互照顧的合一新模式。輔助性原則一詞，源自拉丁語「subsidium」一詞，意指來自後備軍的援助，這個詞彙用在社會脈絡時，意味著社會對於個人或大團體對於小團體的輔助。如此一來，輔助性原則的任務，就是對於個人或小團體進行輔助性調節或保護時，應該如何拿捏分寸的指導原則。內爾‧布若依泥（Oswald von Nell-Breuning, 1890～1991）認為輔助性原則是，作為最高與最重要的社會指導原則。它的特徵是透過社會行動的分享與參與，確立彼此權利、責任與義務。例如，公民以個人身分與他人結社，或透過社會行動直接或間接參與所屬公民社會的文化、經濟與政治的社會生活。

　　哲學諮商的三項助人的基本原則之所以得以落實天主教教會訓導的輔助性原則，主要是因為，哲學諮商的目標在於輔助或協助案主，但絕對不是要併吞、取代或消滅案主的主體性與自主性。換句話說，哲學諮商的三項助人的基本原則實踐輔助性原則保障案主保有其自主性、自由與責任，並且協助案主避免被情緒所困，被扭曲價值所框限、削弱甚至剝奪其自我實現的可能性。同時，哲學諮商的三項助人的基本原則著實體現輔助原則協助社群或共同體內部的成員或參與者，能夠實現自助、主動選擇個人的承諾（包括與人際之間合作關係與忠誠友誼的建立），透過共同善的協助，進一步激發成員或參與者的積極進取心，進而擬定出具有創造性的企劃，並且努力實踐所擬定參與基本善與共同善的行動，最終得以建立完善的社群或共同體。可見，「哲學諮商不是一場文化鬥爭，相反的卻是一種文化融合的工作，只有彼此合作，人類文化才能有長足的發展」。[32]

四、融合基督宗教與中華文化
　　黎建球經歷美國之旅之後，其理論建構的意向不僅從主體哲學或意識

---

[32] 黎建球，《哲學與諮商論文集》，頁205。

哲學轉向為互為主體性的助人哲學，更從探究生命倫理的實踐哲學轉向推廣哲學濟世的哲學實踐，積極發展哲學諮商。儘管，在2011年，黎建球成立了臺灣哲學諮商學會，不過在筆者看來，他一生最感到驕傲與欣慰的成就，仍是在其校長任內，積極整合校內五大研究中心，於2008年8月1日正式成立的「天主教學術研究院」，為天主教哲學在地化與本土化的學術研究奠定深厚的根基以及塑造未來發展的有利條件，促使輔仁大學未來能夠成為華人世界天主教研究的重鎮。黎建球為了實現上主的理念、光輝與榮耀，屢屢開創新格局，其卓越與傑出的貢獻，使其成為一位名副其實的天主理念踐行者。

　　為了落實天主教哲學（尤其是士林哲學）的在地化或本土化的發展，黎建球積極組織學術研究社群，建構輔仁學派，其「發展核心就是要建立具有本土特色的士林哲學」。[33]黎建球強調，士林哲學與中華文化的融通之處，即是輔仁學派建構的起點。[34]因此輔仁學派的成員理當與時俱進、不斷地尋思士林哲學與中華文化交談與融合的各種模式與可能性，以便產生一種新的文化精神，使儒家思想與基督教文化「達到共融發展的目的，以建立未來具有整體性的世界文化」。[35]在〈儒家思想與基督教文化的共融發展〉一文中，[36]黎建球認為，儒家思想與基督宗教所型塑的共融文化，在二十一世紀的世界文化發展模式中，必然占據一席之地，使多元文化的族群得以建立彼此關愛與相互協助的世界社會。因為在他看來，「儒家文化與基督教文化一樣，所希求人的行為都是要達到與天地合為一體，成為天地之人的最高理想」，[37]在儒家文化中的「仁愛」與基督教文化中的「聖愛」（Agape）都是和這一理念具有同樣意義的。由此推知，儒家

[33]黎建球，〈輔仁學派之哲學基礎〉，《哲學與文化》32(1)，2005: 9。

[34]參照黎建球，〈輔仁學派之哲學基礎〉，《哲學與文化》32(1)，2005: 6。

[35]參照黎建球，《哲學與諮商論文集》，頁46-47。

[36]詳見黎建球，《哲學與諮商論文集》，頁205-214。

[37]黎建球，《哲學與諮商論文集》，頁214。

仁愛與基督聖愛的理念對比與融通，成為儒家文化與基督宗教文化共融發展的核心關鍵，也是輔仁學派未來研究發展的主要方向。

在希臘文中，Agape一開始原意指的是男人對上帝（神）的愛，不同於男人與男人之間的友愛（philia），也有異於男女之間的情愛（eros）或家人之愛（storge）。不過在《新約聖經》的脈絡中，基督聖愛專指上帝對人的愛，[38]與拉丁文Caritas（仁慈與關愛）意思相近，都具有博愛的傾向。儘管基督聖愛最具體的展現是上帝以其肖像造人，不過這種愛的創生觀與儒家天生蒸民所體現的大化流行的化生觀著實有所不同。儘管如此，黎建球還是主張，儒家仁愛與基督聖愛仍舊具有融合的可能性，因為從宇宙論觀點來看，「基督宗教文化正好補足了儒家文化對超越嚮往的要求，成了一幅完美無缺的宇宙觀」；[39]其次，基督宗教文化與儒家文化的人性論觀點彼此相互一致，因此得以彼此融通；[40]最後，基督宗教文化與儒家文化都認為行為的目的都是趨向至善，因此基督教文化與儒家文化在道德生活中也具有統合的可能性。[41]

在筆者看來，無論儒家的仁愛或基督宗教的聖愛都具有可實踐性，並企向於「天人合一」或「神人共融」的終極目標與境界。就像孔子自己所說：「吾道一以貫之。」此命題所指涉的就是貫徹仁愛的方法。那麼何謂仁愛？誠如朱熹所言：「仁者，愛之理；愛者，仁之事。仁者，愛之體；愛者，人之用。」[42]質言之，仁者心懷仁愛，篤行仁愛，其道德本心自然肯認他者的他在性，其言行必能合乎天道，以仁慈之心關愛眾人，如曾參所言：「夫子之道，忠恕而已」，或如程顥所說：「以己及物，仁也；推

---

[38] 詳見張永超。《仁愛與聖愛：儒家與基督教愛觀之比較研究》，新北市：輔仁大學出版社，2015，頁117-160。

[39] 黎建球，《哲學與諮商論文集》，頁213。

[40] 參照黎建球，《哲學與諮商論文集》，頁213-214。

[41] 參照黎建球，《哲學與諮商論文集》，頁214。

[42] 朱熹。《朱子語類》卷二十，北京：中華書局，1986，頁466。

己及物，恕也」，朱熹更進一步將忠恕理解爲「盡己之謂忠，推己之謂恕」，可見儒學一以貫之的道即是忠恕之道。仁者盡心竭力敬天愛人，推己及人，推己及物，如孟子所述：「親親而仁民，仁民而愛物」，最後達致四海之內皆兄弟，天下一家，天人合一。對此，黎建球總結地說：「儒家強調仁的精神，以仁者愛人，仁愛的精神就是在說明對普世的一種照顧跟愛心。」[43]

與之相對地，基督宗教的聖愛不僅是一種博愛精神的象徵，宛若陽光普照眾生，而且也是一種愛的訓令。誠如黎建球所言：「耶穌來臨之後，就公開宣布祂的信仰是一種愛的信仰，祂是以愛還愛的信仰，祂是一種眾生平等。」[44]上帝是一切萬有的根源，祂命令子民要愛自己。基督徒落實愛上帝的命令，理所當然包括愛上帝所創造的一切，因此人與人之間的關愛超越血緣，得以愛人如己，彼此相愛。人要愛上帝、愛他人、愛鄰人甚至要愛罪人，這些都是根據上帝賜予人性共有的本性。黎建球清楚地指出：「愛天主的基礎（或基本理由）是我們對於祂的隸屬性；愛他人的基礎是我們與他們的共同性」。[45]由此推知，「愛的精神就是由內而外，從天主的賜與到外在的表現乃是一種慷慨的外推力量，也只有在天主內的愛與行動才能達致天人一體、融合一致的結果」。[46]可見，我們謹遵上主訓令將上主的原初慷慨外推，邁向多元他者，使自我與他者相融互攝，最終達致神人共融，之所以如此，因爲自我與他者的「存在基礎是存有，存有使我不再空虛，不再屬於空無，也使我與萬有互通共融」。[47]

如前所述，儒家在仁愛的踐履過程中，體知天地之生意仁道，以及

[43] 黎建球，《哲學與諮商論文集》，頁208。

[44] 黎建球，《哲學與諮商論文集》，頁209。

[45] 黎建球，〈天主的愛與融合－紀念沈清松教授七秩冥誕〉，收錄於周明泉主編，《邁向多元他者－當代中華新士林哲學及其發展》，新北市：輔仁大學出版社，2021，頁4。

[46] 黎建球，〈天主的愛與融合－紀念沈清松教授七秩冥誕〉，頁14。

[47] 黎建球，《哲學與諮商論文集》，頁104。

賦予自己的人性；而基督宗教在聖愛自我顯露歷程中追求認識上帝，並體驗神人共融，[48]可見儒家仁愛與基督聖愛的理念具有本質上的差異，由此造就出東西方不同的文化價值體系，相異的思維模式以及終極目標。此外，儒家實踐愛人是具有親疏遠近的差等，其主張「立愛自親始」，然後將自己對待親人的慈愛之心外推至多元他者，如孟子所言：「推恩足以保四海，不推恩無以保妻子」。與之相對地，基督宗教雖然一直強調人人生而平等，要愛人如愛己的博愛精神，不過愛上帝的訓令必須具有絕對的優先性。除此，上帝給予世人的愛，對於上帝揀選的子民或義人，以及上帝不揀選的人或不義的人，所體現出關愛的程度也是有所差別的。可見，儒家仁愛與基督聖愛的實踐過程中都有其不可避免的理論困境。然而在全球化的格局之中，儒家仁愛與基督聖愛是否具有融通的可能性呢？黎建球認為，儒家文化與基督宗教文化的共融發展，相互截長補短不僅可能而且必要。

　　在〈儒家思想與基督教文化的共融發展〉一文中，黎建球進一步指出：儒家文化是一種現世文化，因此其理論欠缺與來世或彼岸的連結。除此，儒家雖然精闢地處理了人與人之間的關係，尤其關涉家庭人倫的部分，不過針對血緣倫常的平等地位，以及超越性的宗教向度，也就是人與神之間的關係，並沒有提出明確的論述或學說。不過，基督宗教文化，尤其聖愛觀，能夠提供儒家文化現代化過程需要借鏡參照的思維與理念，促使儒家現代化過程中得以衍生與建立自由、民主、平等與科學的價值觀。與之相對的，天主聖愛的自我揭露，往往透過上帝的誡命，基督宗教文化僅將孝悌或家庭倫常視為敬愛上帝的從屬位階。不過儒家的王道思想與倫常關係，即是仁的外化之表現，因為仁外化為愛、孝、禮與和：「以愛建立起良好的人際關係，以孝建立起良好的倫理關係，以禮建立起良好的政

---

[48] 參照趙士林主編，《仁愛與聖愛：儒家道德哲學與基督教道德哲學之比較研究》，北京市：人民出版社，2018，頁270。

治關係，最後以和建立起良好的社會關係」，[49]可見儒家仁、和與家庭倫常等核心理念，能夠補足基督宗教文化的不足，基督聖愛與儒家仁愛確實具有共融發展的未來，得以雜揉衍生出新的世界文化之可能性。

　　總之，黎建球一生爲融合基督宗教與中華文化而努力，透過儒家生命哲學或道德倫理的仁愛理念與基督宗教的愛的形上學的基督聖愛之對比與融合，透過人生哲學與哲學諮商所內蘊的中西方哲學思想理論與實踐方法，爲現代人所重構的價值體系與實踐策略，對中華新士林哲學的現代性問題做出卓越的貢獻，不僅體現多元與共融的哲學慧思，同時也成爲一位不屈不撓的天主理念的踐行者，藉此祝賀天主的踐行者八秩華誕。

參考文獻

Benedikt XVI, *Liebe In Wahrheit (Caritas In Veritate)*. *Die Sozialenzyklika*, Augsburg: Sankt Ulrich Verlag, 2009.

Hegel, G. W. F. *Phänomenologie des Geistes*. Hamburg: Felix Meiner Verlag, 2015.

Paul VI, *Enzyklika Popuiorum progressio*. 26. März 1967, 20, AAS 59(1967).

Stirner, Max. *Der Einzige und sein Eigentum*: Nachw. u. hrsg. v. Ahlrich Meyer. Stuttgart: Reclam, 1986.

朱熹，《朱子語類》卷二十，北京：中華書局，1986。

張永超，《仁愛與聖愛：儒家與基督教愛觀之比較研究》，新北市：輔仁大學出版社，2015。

趙士林主編，《仁愛與聖愛：儒家道德哲學與基督教道德哲學之比較研究》，北京市：人民出版社，2018。

黎建球，《人生哲學》，臺北市：三民書局，民國84年〔1995〕。

黎建球，〈輔仁學派之哲學基礎〉，《哲學與文化》32(1)，2005。

黎建球，《哲學與諮商論文集》，新北市：輔仁出版社，民國108年〔2019〕。

黎建球，〈天主的愛與融合—紀念沈清松教授七秩冥誕〉，收錄於周明泉主編：《邁向多元他者—當代中華新士林哲學及其發展》，新北市：輔仁大學出版社，2021，頁1-15。

---

49 趙士林主編，《仁愛與聖愛：儒家道德哲學與基督教道德哲學之比較研究》，頁310。

黎建球教授的智慧陶養與生命實踐

蘇嫈雰

輔仁大學人文社會服務進修學士學位學程副教授

摘要

　　黎建球教授博學多聞、學貫中西，不僅會通中國哲學和西方哲學的義理與方法兼容並蓄，一生出版的書籍和論文更是不可勝數。此外，他汲取中西哲學的修養與方法，從《人生哲學》的深刻體悟轉進《哲學與諮商論文集》的實踐應用，學思並進、即思即行的人格特質，讓他在學術界成為獨樹一格的先鋒。

　　本文進一步探詢黎建球教授學術突破與人格典範，藝術的人文關懷：價值引領（孝的檢視）；創新詮釋（順的轉化）。智慧的人格典範：明明德（不僅僅只做個好人）；親民（還要懂得好好生活）；止於至善（知行合一達到極好）。結語，黎建球教授是吾人學術生涯步履前的明燈和人生路途上的光明。

關鍵詞：哲學實踐、人文關懷、價值引領、思考的促進者、自由、自發性

一、前言

　　黎建球教授學識淵博著作浩瀚，1970年完成碩士論文《朱熹教育思想之研究》；短短四年，1974年即出版《先秦天道思想》；[1]1978年出版

1　黎建球，《先秦天道思想》，臺北：箴言出版社，1974。

《朱熹哲學》[2]和《朱熹與多瑪斯形上思想的比較》[3]；1979年旋即出版《多瑪斯人生哲學的形上基礎》[4]；1985年完成博士論文《人生哲學的形上基礎》。

1976年出版《人生哲學》[5]；1989年出版《人生問題叢錄》[6]；1990年出版《人生哲學講錄》[7]；同年出版《人生哲學問題叢錄》[8]；2004年改版的《人生哲學》[9]是教授人生哲學課程必列的教科書，也是熱門的暢銷書籍；2019年出版《哲學與諮商論文集》[10]，已發表的期刊文章，更是不計其數。

黎建球教授曾擔任天主教輔仁大學哲學系系主任（1987～1993、2002～2004）、教務長（1993～1999）及校長（2004～2012）等重要行政職務並獲得許多殊榮。他為何能兼顧服務領導又寫作不輟？關鍵因素在於他不畏生命困境、積極奮進的精神，不僅汲取中西哲學智慧的修養與方法，學思並進、即思即行的人格特質，更讓他在學術界成為獨樹一格的先鋒。

本文的問題意識是黎建球教授如何會通中國哲學和西方哲學的義理與方法，學術熱情和驚人意志力的源頭活水從何而來？本文進一步解析黎建球教授運用價值引領表現溫情脈脈藝術的人文關懷，大膽突破學術框架展現創新詮釋。此外，黎建球教授是思考的促進者也是生活的導師，從宏觀大學之道談做人的要務和生活的目標以及學術的旨趣，指導論文講求自由

2 黎建球，《朱熹哲學》，臺北：知音出版社，1978。

3 黎建球，《朱熹與多瑪斯形上思想的比較》，臺北：臺灣商務，1978。

4 黎建球，《多瑪斯人生哲學的形上基礎》，臺北：時新出版社，1979。

5 黎建球，《人生哲學》，臺北：三民出版社，1976。1987年、1991年、1995年分別再版。

6 黎建球，《人生問題叢錄》，臺北：臺灣省訓練團，1989。

7 黎建球，《人生哲學講錄》，臺北：臺灣省訓練團，1990。

8 黎建球，《人生哲學問題叢錄》，新竹：仰哲出版社，1990。1998年由臺北縣：輔大出版社再版。

9 黎建球，《人生哲學》，臺北：五南出版社，2004。

10 黎建球，《哲學與諮商論文集》，新北：輔大出版社，2009。

與自發性，重視學術倫理和研究品質，更關懷學生的生涯規劃及身心靈的整全發展，是吾人終身學習效法智慧的人格典範。

二、學貫中西

黎建球教授擅長中西哲學比較，尤重形上學，以融合中西哲學為終身職志。著作根據目標、方法、內容、結果及目的等方面提綱挈領、條分縷析，使讀者易於掌握要旨，讀畢更見醍醐灌頂之效。

㈠中國哲學的義理與方法

黎建球教授中國哲學底蘊深厚，從1974年出版的《先秦天道思想》和1978出版的《朱熹哲學》可見一斑。以《先秦天道思想》為例，他說：[11]

> 商代的人，到了後來，把祭祀上帝和崇拜祖先的事已有逐漸混合的趨勢，因此，到了周代，他們自然不願意在祭祀天帝時，也同時祭祀商代的祖先，所以，周代的人就把天帝至上神的觀念加以純化，以免使得天帝的觀念混淆不清。所以就產生了商人祭帝，周人祭天的說法。而事實上，從本源性來說，周人所祭祀的天就是商人所祭祀的帝，祇是周人不再像商人一樣把祖先神和至上神混在一起了。

此外，黎建球教授透過《舊約聖經》與西周以前崇奉的上帝特性做一對比，突顯中華民族多神信仰的普遍現象，更進一步指出：「既相信上帝至上神的至高性，也相信眾神的權能，再加上對祖先的敬思，遂產生了中華民族的博大性，容他性。」[12]文化根源的探索，裨益思想的深刻性。在

---

[11]黎建球，《先秦天道思想》，頁222。

[12]同上，頁225。

《朱熹哲學》中，黎建球教授具體指出道問學的方法：[13]

> 學為聖人的目的，就是要能達到天人合一，而天人合一就
> 是如何能以後天的經驗，人事的方法，去尋得先天的原
> 理。……所以我們可知朱熹致知的目的是要達到先天的原
> 理，天人合一的目的，但就其方法卻是從經驗之知著手，
> 這種經驗之知的起點，就是格物。

誠如本書緒論所言：「平日學者所學的到底是為了什麼？還不是要學為聖人！……只有知『道』的人才能承受往聖的絕學，繼往開來，以先知知後知，以先覺覺後覺。」[14]黎建球教授以張載《橫渠語錄》自勉，他確實是一位知「道」的先知和得「道」的先覺者，同時也是知後知、覺後覺的傳道者。

(二)西方哲學的義理與方法

黎建球教授接受士林哲學紮實的研究方法訓練，1978出版《朱熹與多瑪斯形上思想的比較》，1979年旋即出版《多瑪斯人生哲學的形上基礎》，展現出驚人的學術功力。從研究對象的時代背景、思想淵源，甚至生活方式的清晰描繪，先提供讀者客觀資料及觀點，再從類似之處的概念進行比較工作，研究成果一方面不會失真失準，另一方面從異同中尋找適應方法及會通之道。為何黎建球教授看重形上學的研究？他坦言：[15]

> 每一個實有之所以有其內在目的性，乃是因為每一個實有
> 都是一個存在，凡存在者皆有其目的的設定就是以存在為

---

[13] 黎建球，《朱熹哲學》，頁121。

[14] 同上，頁3。

[15] 黎建球，《朱熹與多瑪斯形上思想的比較》，頁379-380。

基礎的事實表現，所以，存在與其本質的彼此比較中，就
可以顯出實有的目的及結果。

　　黎建球教授歸納多瑪斯形上學的幾個困難，其中「原本多瑪斯的思想
是精簡易懂，但經過後來不斷的註解、闡釋，遂使得士林哲學成了一個極
細緻而缺乏彈性的思想。」[16]此外，他反省「朱熹形上思想的目標，其重
點不在太極之上，而在太極所生萬物之後的各種變化身上。」[17]結論中他
言簡意賅指出：「因此，在比較的目標中，我們得到了中國形上思想中缺
乏超越的意義，西洋形上思想在力行中仍須更加強的結論。」[18]黎建球教
授對西方哲學涉略甚廣，以《多瑪斯人生哲學的形上基礎》為例，他直言
不諱：[19]

　　如果我們說奧古斯丁，由於對自身罪惡的體認，而發現並
　　展示了人性的極限的話，則多瑪斯以理性的辯證，積極的
　　指出了人性的能力。

　　黎建球教授在結論提到：「人生哲學其目的則在改進人生，使人生
能夠發揮其最高人格的價值。」[20]要達此目的，不可缺乏形上的基礎。所
以，「多瑪斯看到人生問題的本質，以為從本質去解答人生的問題，才是
徹底的解答。」[21]如此一來，形上學的概念，例如，形式與質料、實現與
潛能、因果律、有限與無限等必須先釐清，研究方向及方法正確，問題自

---

[16]同上，頁367。

[17]同上，頁351。

[18]同上，頁384。

[19]黎建球，《多瑪斯人生哲學的形上基礎》，頁7。

[20]同上，頁172。

[21]同上，頁170。

然迎刃而解。

三、即思即行

　　黎建球教授是即思即行的行動哲學家,「火車頭」故事是其明證。他二度擔任天主教輔仁大學哲學系系主任(2002～2004)期間,學生就讀博士班二年級,任職《哲學與文化》月刊編輯部《哲學大辭書》編輯一職,同時又擔任尤煌傑教授提升大學國際競爭力──分項計畫5.「非同步遠距教學發展計畫」博士級助理,亦擔任黎師課程教學助理。個人能力不足,一時半刻間偶有忙不過來的時候,不免跟指導教授黎師抱怨一下。黎師聽完,只打趣地說:「只聽過火車頭會叫,沒聽過跟在後面跑的車廂會叫。」當下莞爾一笑。自此只要老師沒說忙,學生絕不敢說忙。

㈠《人生哲學》的深刻體悟

　　黎建球教授在本書〈序言〉說:[22]

> 本書分三部分:人生哲學基本問題、常見的人生問題及多元的人生觀,而在每一個題目中又分成思考人生問題、討論人生問題、面對人生問題,試圖以問題解決的方式來揭露問題的性質及內涵。

　　第一部分人生哲學基本問題,第一章開宗明義提出人的生命、人的生活及人的方向是人生哲學討論的範疇。針對人的生命,他說:「因為人必須是精神與物質兩者的綜合,人才會有屬於人的問題。」[23]關於人的生活,從群己關係思考:[24]

---

[22] 黎建球,《人生哲學》,頁1。

[23] 同上,頁6。

[24] 同上,頁9。

生活的目的，不但是在增進個人的生活進於滿意的程度，也在增進人類全體的生活，使之共同進於人類全體皆滿意的生活，這才是人的生活的目的，及所希望的結果。事實上，人的生活，只要人人皆努力於改進自己的生活，則群體的生活自也就易於獲致完美的結果。

林火旺教授對群己關係提出另一種觀點：[25]

社會上任何一個人的苦難或對社會的不滿，可能是另一個陌生人要為此付出代價，在功利主義的流風下，現代社會上很多人都認為：「我只要自己過得好，何必管別人死活？」但是如果具有進一步的思考能力就會發現：「有錢人可以唱KTV，沒錢人可能縱火燒KTV。」只要生存在同一塊土地，我們的命運其實在某種意義上是連在一起的，讓社會上每一個人活得有希望，我們大家才能活得很安心。

事實上，黎建球教授認為無論個人或群體乃至社會，方向即定盤針，人生沒有方向的人，就如瞎了眼的野馬，不知身處何處，要往哪裡走，茫茫渺渺隨波逐流虛度一生。面對人生問題，黎建球教授不同意《莊子‧人間世》：「知其不可奈何而安之若命」的人生態度，他主張：[26]

人生，不是只看其無可奈何的一面，人生真正的意義，乃是在我們明瞭人生的無奈之後，積極而主動的去尋求那些

---

[25] 林火旺，《道德──幸福的必要條件》，臺北：寶瓶文化，2006，頁42。
[26] 黎建球，《人生哲學》，頁13。

可爲的，可以努力的目標。

黎建球教授一生秉持「知其不可而爲之者」（《論語・憲問》）的積極生活態度，突破困境的奮進精神，終能顯揚生命的光輝，開創出精彩豐富的人生。

㈡《哲學與諮商論文集》的實踐應用

哲學是什麼？最常聽到的答案是德爾斐阿波羅神廟的三句箴言之一：「認識你自己」。《哲學與諮商論文集》〈序言〉的副標題「哲學可以助人」，對學生而言哲學諮商是可以「自助且助人的學問」。黎建球教授在〈序言〉中提出：[27]

> 祇有在能兼顧並籌、中西兼顧之下，哲學才有可能朝向開放及發展的路途邁進，因爲，有開放的精神才能去學習及和他人交談，過去許多的戰爭，常都是因誤解或自以爲是而造成的，在今天多元化的時代中，努力的和他人溝通，建立有效的方式，建構彼此之間的互通管道，在共同的誠意之下合作努力，共同尋求爲人類服務的方法，也就是當其他學科都在努力發展之際，哲學的努力是必須的。

他指出哲學研究者的共同目標是「和其他學科互通有無，共同參與對眞理的建設。」此外，還要多學習口語表達和文字洗鍊向世界傳播。不要只在乎個人的研究，敝帚自珍反而將好的思想束之高閣、乏人問津。他總結：[28]

---

27 黎建球，《哲學與諮商論文集》，頁1。
28 同上，頁2。

祇有在具有良好溝通的能力，豐富而積極的思想，哲學濟世的功能才能發揮，對社會問題也才能精闢入裡的分析清楚，對世界文化才會有具體的貢獻。

黎建球教授在本書第一、二、三章已大致勾勒出哲學諮商的輪廓。第一章點出哲學諮商的理論及哲學系統的基礎、內容及其價值觀；實務的部分介紹美國馬瑞諾夫的PEACE法、加拿大瑞比的四階段法、德國阿肯巴哈超越方法的方法。第二章〈哲學諮商的三項基本原則〉，包括沒有病人的觀念、價值引領、互為主體的關係，三項基本原正是哲學諮商與心理諮商的最大差異。第三章〈C.I.S.A.理論的實踐與應用〉是黎建球教授多元學習他者（美國馬瑞諾夫的PEACE法、加拿大瑞比的四階段法、德國阿肯巴哈超越方法的方法，還習得美國科恩邏輯基礎療法）的哲學諮商方法後，進一步發展出符合本地化特色的哲學諮商方法。透過覺察問題、洞察根源、靈動反詰，最後達到超升現況。方法人人會用，但黎建球教授特別指出運用方法的態度（人文的關懷、整全的觀點、普遍的精神、積極的態度）至關重要，人文精神確實難能可貴。

四、學術突破與人格典範

黎建球教授指導論文的風格是充分授權，講求自由與自律。自由意味著充分實踐個體潛能（potency），促進積極自發的生活能力。《教育的目的》指出：[29]

訓練應該是自願的和自由選擇的結果，而自由，作為訓練的結果，應該獲得一種豐富的可能性，這才是一種理想建

---

[29] 懷德海（A. N. Whitehead）著，吳志宏譯，《教育的目的》（The Aims of Education），臺北：桂冠出版社，1994，頁38-39。

構的教育目標。這兩條原則，即自由和訓練，不是對立
的。

《懷德海教育思想之研究》進一步提到：[30]

懷氏認爲獲得智慧的唯一途徑在自由，也就是在知識前的
自由，而獲得知識的唯一途徑則在紀律，也就是在有秩序
的事實的獲取中的紀律。自由和紀律是教育的兩大因素，
它們不是矛盾而對立的原則，而是教育上相輔而行的原
則。教育當以自由始，亦當以自由終，祇是中間階段是紀
律而已。

　　黎建球教授指導碩士論文重視學術倫理和紮實研究基本功，即紀律
的訓練。博士論文則強調研究品質和獨到見識，他指導不僅符合紀律的自
由且具有自發性特色。他的指導風格與懷德海（Alfred North Whitehead,
1861～1947）論「教育的節奏」（The Rhythm of Education）[31]若合符節。

㈠藝術的人文關懷

　　黎建球教授對學術極爲熱情，不僅具「藝」的倫理情懷（ethos），
看重指導學生的學習意願和未來發展生成的可能性潛質。《逃避自由》
（*Escape from Freedom*）說：[32]

---

[30]黃國彥，《懷德海教育思想之研究》，臺北：嘉新水泥公司文化基金會，1969，頁61。

[31]懷德海主張節奏原理，亦名爲「教育的節奏」（The Rhythm of Education）。第一個是浪漫階段
（the stage of romance），第二個是精確階段（the stage of precision），第三個是概括階段（the stage
of generalization）。

[32]埃里希‧佛洛姆（Erich Fromm, 1900-1980）著，劉宗爲譯，《逃避自由：透視現代人最深的孤獨與
恐懼》，新北：木馬文化，2015，頁19。

倡議的自由與自我，也是一種愛的藝術。所謂的藝術，更強調一種「藝」的境界，而非著重在「術」的層面。「藝」指向一種生成的可能性，也是一種任之於自然的倫理情懷（ethos），著重於以意識和潛意識混成的感覺作為力量。而「術」是一種過度人為的開發，如科技的人工合成，也是一種挑戰自然的心緒病徵（pathos），強調科學的奮進理性。藝術，當然也存在著困境，但卻是重要的存在經驗。

他指導論文不限於「術」，即科學的奮進理性，更強調契合生命的實存經驗。《逃避自由》指出何謂「自發性」：[33]

自發性是自我所展現出的自由行為，心理學上，「自發性」（spontaneity）一詞意指拉丁文字根「sponte」的原意，也就是個人的自由意志。此處所謂的個人行為，並非單純指涉「做某些事情」，而是指運作於個人情感、理智與感官經驗中的創造性特質。自發性的前提之一，即在於接受個人的完整人格，不再將個人切割為理性與感性兩種層面；因為，唯有個人不再壓抑自我的主要部分，唯有當個人完全了解自我，唯有當人生經驗的所有層面達到整合，個人才有可能實現自發性的行為。

黎建球教授指導論文講究自由與自發性，認為理情（理性與感性）平衡的生活才能完全施展創造性的人格特質。他不僅重視學術倫理和講求研究品質，更透過思考促進學生了解自我，關懷學涯發展、生涯規劃及身心

---

[33] 同上，頁292。

靈的整合。尊重個人自由意志的指導前提下才能充分實現自我，自發性完成學位論文。

　　佛洛姆說：「在自發性行為中。『愛』是最重要的元素。」[34]真正的「愛」具有的動態特質，是兩者（不需要將自身消融於他人，也不需要占有他人，自發性地去肯定他人，以保全自我為基礎，與他人產生連結）並存／並與（both……and）的狀態。[35]羅光總主教（1911～2004）在《生命哲學》一書提出「愛的圓融觀」[36]對生命有價值引領的意義，人透過成全、仁愛、合一達至愛的圓融。佛洛姆說：「『工作』則是另一項重要的元素。……真正的『工作』意味著創造，人類透過創造性行為而成為大自然的一份子。」[37]黎建球教授深耕研究，不間斷地發表創造性思想著述，他曾自謙說：「自己不是有名的哲學家，只是愛好哲學的哲學工作者。」他自發性地的結合愛與工作，故成為傑出人才與出色學者。

1.價值引領：孝的檢視

　　黎建球教授在《哲學與諮商論文集》第四、五章特別重視中國傳統「孝道」，提出孝順的哲學諮商。李祥政在〈論先秦儒家忠孝觀的繼承和發展〉一文中提到：「『三年之喪』是要子女對父母的關懷寄予哀思，同時還至少要三年繼承父母的遺志，『三年無改於父之道，可謂孝矣。』《論語・學而》以完成父母未竟的事業或把父母的事業發揚光大，這也是子女孝父母的表現。」[38]

　　推崇孝道並非要人對禮制的馴從與屈就，而是心靈自覺自發的歸順。

---

[34]同上，頁294。

[35]克里斯多福・葛利森（Christopher Gleeson, S.J.）著，尤淑雅譯，《自由——微妙的平衡》，臺北：光啓文化，2003，頁162。

[36]羅光，《生命哲學》（訂定版），臺灣：學生書局，1990，頁354。

[37]埃里希・佛洛姆（Erich Fromm, 1900～1980）著，劉宗為譯，《逃避自由：透視現代人最深的孤獨與恐懼》，頁294-295。

[38]李祥政，〈論先秦儒家忠孝觀的繼承和發展〉，《咸寧學院學報》25.4(2005): 77-79。

第四章〈孝順的哲學諮商〉黎建球教授舉出兩個實際案例進行討論，再做出分析，最終，提出本案具體的處理方式。文章指出「父慈子孝」[39]是雙向的共構關係，實際上長輩的當責與晚輩的權利相互支撐。分析直指問題癥結在「價值觀」，所以需要價值引領。以亞里士多德（Aristotle, 384～322 B.C.）「至善」幸福論以及孔子（551～479 B.C.）「仁愛」目的論作為價值引領的指標，重新檢視原則和方法的一致性。他說：[40]

> 孝是一個概念，也是一個為人子女所應有的基本原則，這和忠、和仁，和義一樣都是一個概念，也都是一種人際關係的原則，但順卻是一種方法。……原則是不能改變的，但方法卻可以因時、因地而制宜。

2.創新詮釋：順的轉化

根據《論語‧學而》子曰：「弟子入則孝，出則悌，謹而信，汎愛眾，而親仁，行有餘力，則以學文。」所謂的「仁」的次第是排在孝、悌、信、愛之後，在行有餘力學文之前，這是非常特別之處。值得思考「仁」展現的場域並非指家庭，對象也非家人。然而家庭是每個人學做人的第一現場，要一個人有「仁」必須要先做到「仁之本」也就是「孝悌」，如果一個人在家庭中先做到入孝親、出悌弟，對人言而有信，能汎愛眾人，而親近「仁」（人之道），則作為「仁人」也就不遠了，所以教導子女學做人的道理必須要先做到「仁」之本「孝悌」。

《孝經‧開宗明義章》：「子曰：『夫孝，德之本也，教之所由生也。復坐，吾語汝。身體髮膚，受之父母，不敢毀傷，孝之始也；立身行

---

[39] 《禮記‧禮運》：「何謂人義？父慈，子孝，兄良，弟悌，夫義，婦聽，長惠，幼順，君仁，臣忠。」

[40] 黎建球，《哲學與諮商論文集》，頁59。

道，揚名於後世，以顯父母，孝之終也。』」德之古字「悳」乃直心所
爲，「孝」之所爲正是《論語・子路》所謂，「父爲子隱，子爲父隱，直
在其中矣。」[41]所謂「孝」爲百行之首、萬善之本，正是因爲人有此身體
髮膚皆受自父母親，沒有父母也就沒有後來可以立身行道、揚名後世，所
以《荀子・禮論》：「禮有三本：天地者，生之本也；先祖者，類之本
也；君師者，治之本也。無天地，惡生？無先祖，惡出？無君師，惡治？
三者偏亡，焉無安人。故禮，上事天，下事地，尊先祖，而隆君師。是禮
之三本也。」

　　黎建球教授在本書第五章〈中國傳統孝道的檢視與轉化〉首先談中國
傳統孝道的定義，提到本土心理學楊國樞教授以內容分析現代的孝道內涵
值得參考。至於中國傳統孝道的範疇及功能，依個人、家庭、社會、文化
四方架構論述。對權威性、階級性一一檢視針砭，進一步提出個人對中國
傳統孝道的轉化，包括現代倫理與傳統孝道的融合、哲學諮商的提示與功
能發揮創新詮釋，提醒現代人先辨別現象與本質、方法與目的，才能建構
出符合時代性且「個體化」（individuation）[42]特色的孝道模式。

㈡智慧的人格典範

　　黎建球教授擔任校長期間（2004～2012）奉行于斌樞機和羅光總主教
治校理念，秉持天主教輔仁大學在臺復校第一任校長于斌樞機談〈大學教

---

[41]李景林說：「所謂『直』，就是人未受後天社會習性矯飾的真性情的自然流露。」請參考李景林，
　《教養的本原：哲學突破期的儒家心性論》（瀋陽：遼寧人民出版社，1998），頁83-84。關於
　「直」與「怨」、「德」之間的討論以及對於中國典籍中的「直」概念之澄清，潘小慧有非常精闢
　的見解。詳細內容建議參考：潘小慧，〈論「直」──是與非之間〉，《哲學論集》33(2000): 125-
　144。

[42]佛洛姆指出：「個體化」（individuation）一詞來指稱個人從整體世界的初始連結中逐漸浮現的過
　程。埃里希・佛洛姆（Erich Fromm, 1900～1980）著，劉宗為譯，《逃避自由：透視現代人最深的
　孤獨與恐懼》，頁47。

育的目的〉：[43]

　　所謂「明明德」，主要是指道德的修養和理性的啓發，
在這方面《大學》包括格物、致知、誠意、正心、修身
五項，在這五項中都是充實個人的修養，可以說包括了
德、智、體、群四育。格物、致知是學術方面的修養，有
了這些學養，再去誠其意，正其心，進而修其身，這是個
人德業基礎的奠定。這個德業基礎是科學的、倫理的，所
以有今天大學裡的在明明德，以及明明德於天下。明明德
就是充實自己個人的修養，達到完善的階段。其次是「親
民」，民是指自身以外的人；親民是使他人天天有進步，
日新又新，獲得幸福與快樂。

　　明指理性啓發，明德指道德修養，明明德乃爲己之學，格物、致知、
誠意、正心、修身爲奠基。親民是以一己之智慧能力服務他人，是成人之
學，共同邁向齊家、治國、平天下的大道，臻至眞善美聖之境，才是止於
至善。于斌樞機從人與人的關係談「明明德」、「親民」，認爲「明明
德」己立己達成己的讀書人，還要做到立人達人成人的「親民」，才是止
於至善。他說：[44]

　　中國傳統的讀書人不只獨善其身，而且要兼善天下，不但
要成己，還要成人，要立己還要立人，己達還要達人。所
以作學問是爲人的，是爲天下的，不是自私自利獨善其身
的，而是希望將來學成後服務社會、國家的。

---

[43]于斌，〈大學教育的目的〉，收入《于斌樞機言論續集》，臺北縣：輔大，2001，頁186-191。
[44]同上，頁186。

1. 明明德：不僅僅只做個好人

哈瑞·路易士（Harry R. Lewis）在《失去靈魂的優秀——哈佛如何忘卻其教育宗旨？》指出：[45]

> 負責任的大學應該讓學生了解智者如何思考「過一種自省生活的艱難之處」。負責任的大學應該鼓勵學生思考一些讓人不安卻富有哲理的問題。身為接受過良好傳統教育、負責任的成年人，內心應該深諳基本的生活道理。

紐曼樞機論大學的直接目的明言：「大學的直接目的，是使學生在獨立、自主的情況下，培養正當的氣質，並在自主、自由的狀態中，修習各種不同的職份內涵，並學習理智的思考方法。」[46]大學是探索、發現自我的歷程，以培養有智慧，能明辨是非、成熟和善良、才德兼備的成人為目標。于斌樞機強調「大學就是聖學」[47]即做人的學問。

大學之道培養明明德的莘莘學子，透過讀大學明白「德」者「得也」，指獲得修養道德的工夫和具備公德的涵養。「明明德」指自明得其德，不僅僅只做個好人，還要「親民」，即自明且明人兼善天下，使人人達於共善（common good），才是止於至善的境界。于斌樞機說：「除了追求高深的學問，還不能忽略力求品格上的健全，誠中形外，重在養氣的工夫。一個人要有恢宏的氣度，才能擔當歷史賦予的使命。」[48]

---

[45] 哈瑞·路易士（Harry R. Lewis）著，侯定凱譯，《失去靈魂的優秀——哈佛如何忘卻其教育宗旨？》，臺北：張老師，2007，頁300。

[46] 張奉箴，〈紐曼樞機的大學教育論〉，《教育文粹》11(1982.06): 46-58。

[47] 于斌，〈中西文化之比較〉，《于斌樞機最近言論集》，臺北縣：輔大，1972，頁191。

[48] 于斌，〈勉入校新同學——人人要有理想，有抱負服務社會，造福人群〉，《于斌樞機言論續集》，頁337。

2. 親民：還要懂得好好生活

何謂懂得好好生活？人如何活得快樂？黎建球教授說：[49]

> 真正的幸福，應當具有兩個要素，一是屬於人的特殊活
> 動，二是所追求的不當含有任何痛苦。……幸福的第三個
> 因素是享受，這種享受是智慧和德行的自然效果或報酬，
> 這是一種內心的滿足與快樂。凡是能滿足這三種因素的，
> 都可以獲得真正的快樂。

認識內在自我，發展生活能力，同時接受生命的限度，在物質和精
神、理性和情感平衡的基礎下和外界維持良好的關係。于斌樞機說：「人
之所以異於禽獸，所以為萬物之靈，在於人之為人，由於肉體與靈魂之
結合。」[50]好好生活意味著善度在世生命，對於兩者（肉體與靈魂、物質
與精神）不應該厚此薄彼、缺一不可。事實上，明明德和親民，是「共
時性」（synchronicity），即「兩者／並與」（both……and）。曾春海
說：[51]

> 同時，成己及成人、成物是意義世界兩端而一致的，在人
> 盡己、成己的歷程中，不是隔絕於世界而孤獨進行的。人
> 是與天地萬物共時性的存有，在機體宇宙觀下，人與天地
> 萬物有內在的連繫。人是向著天地萬物而生存發展的。質
> 言之，人在盡己成己的實現過程中，與他者（他人與萬
> 物）密切互動。因此，在自我實現歷程中，與我相關連的

---

[49]黎建球，《人生哲學》，頁279。

[50]于斌主講，〈宗教的意義〉，《天主教鳥瞰》（紐約：中國宗教研究社，1952），頁2。

[51]曾春海，《先秦哲學史》，臺北：五南，2010，頁123-124。

> 一切存有者，也因自我生命之意義的彰顯而獲致其存在的
> 意義，亦即我相關連的他者在自我兼善天下的實踐中實踐
> 他者自身的存在意義，所謂盡人、盡物之性。

　　曾春海認為人與萬物在機體宇宙論的前提下，盡己、成己的實現過程中，首先，必須肯定萬物係同根同源，皆有其存在的平等地位；其次，人是依靠天地萬物而生存發展的，須相互尊重，向彼此開放；最後，人在盡己、成己的歷程中，與我相關連的一切存有者，因自我生命意義彰顯的同時也獲致存在的意義，盡己之性、盡人之性和盡物之性是共時性，即自我兼善天下的實踐中同時也實踐與我相關連的他者自身的存在意義。

3. 止於至善：知行合一達到極好

　　黎建球教授指出：[52]

> 亞里士多德主張一個人要努力去求知，但理智發展不只是
> 靜態的，而是著重行；致力於德行的發展才能使自己成為
> 一個知行合一的人，如此才能去享受真理，享受心安理得
> 的成果。……中國人所謂的「天人合一」，似正是最完美
> 的人生理想的最終目的，也是最高意境的表現。

　　于斌樞機主張：「人在各方面都有關係，人對神、人對物、人對人都有關係，將這三者都弄好了就是一個完人」[53]，房志榮說：「我國倫理（君臣、父子、夫婦、兄弟、朋友）所指出的各種位際關係，在人與

---

[52] 黎建球，《人生哲學》，頁43-44。

[53] 于斌，〈關係論──民國五十一年六月廿三日在人生哲學研究會基隆支會三週年紀念會講〉，《于斌總主教宗教言論集》，臺北：新動力雜誌出版社，1963，頁204-210。

上帝之間都能有。」[54]體悟何爲極好還要身體力行，知行合一使人明瞭「參贊化育者」是與物均調、「智且明的仁者」是與人和諧、「盡心知性者」是與天感通，達至「天人合一」。此外，知物、知人、知天是一動態和諧歷程，就空間而言，橫攝物、人、天爲一體之仁，即「共時性」（synchronicity）一體範疇。依時間而論，縱貫天、地、人成新新不停、生生相續，即「歷時性」（diachronism）關係範疇。止於至善即是極好完人，但完人不是完美，完人是不以自我爲中心而走向他者，成全大我。

五、結語：學術生涯步履前的明燈和人生路途上的光明

　　學生由衷感謝指導教授即天主教輔仁大學前任校長黎建球教授，他不僅指導筆者的碩博士論文，也是吾人終身學習效法的典範人物。他從指導筆者的碩士論文先秦儒家哲學《荀子「禮」學研究——以性、心、學爲基礎》（1999），到博士論文轉向應用哲學《用哲學諮商方法論兩性關係》（2006），黎建球教授從系主任（2002～2004）轉任校長（2004～2012）一職，百忙中仍緊盯論文進度，每月跟學生討論修訂論文內容，動輒半個小時甚至一小時。爾後，學生撰寫升等著作，毅然決定轉往當代中國哲學，尤其是天主教哲學研究的路向，他全然支持，完全信任交託，始終尊重學生的研究興趣，鼓勵學生勇於挑戰嶄新陌生的研究領域，並引領學生朝向更崇高的學術境界邁進。黎師永遠是學生學術生涯步履前的明燈，指引前行之路。

　　此外，黎師和師母鄭玉英教授同時也是學生和孩子們的代父母，帶領我們認識天主的眞善美聖。誠如于斌樞機所言：「愛人是後果，敬天是原因。」[55]唯有敬天才能眞愛人。德爾斐阿波羅神廟的三句箴言之一：「認

---

54 房志榮，〈儒家思想的天與聖經中的上帝之比較〉，《神學論集》31(1977): 15-41。

55 于斌，《三知論》，臺北：自由太平洋文化事業公司，1965，頁10。

識你自己」是人一生的功課，也是追求愛智慧哲人終身奉行不渝的座右銘。但是人唯有先認識自己，識得自己本來面目，愛人之前先認識自己，愛自己本來的模樣，人才能真正懂得愛人。黎師以身示教慷慨指點迷津和師母無私付出的奉獻精神，照耀學生人生路途上的光明，也是學生終身學習效法智慧的人格典範。

參考文獻

于斌，《三知論》，臺北：自由太平洋文化事業公司，1965。

克里斯多福・葛利森（Christopher Gleeson, S.J.）著，尤淑雅譯，《自由——微妙的平衡》，臺北：光啟文化，2003。

李景林：《教養的本原：哲學突破期的儒家心性論》，瀋陽：遼寧人民出版社，1998。

林火旺，《道德——幸福的必要條件》，臺北：寶瓶文化，2006。

哈瑞・路易士（Harry R. Lewis）著，侯定凱譯，《失去靈魂的優秀——哈佛如何忘卻其教育宗旨？》，臺北：張老師，2007。

埃里希・佛洛姆（Erich Fromm）著，劉宗為譯，《逃避自由：透視現代人最深的孤獨與恐懼》，新北：木馬文化，2015。

曾春海，《先秦哲學史》，臺北：五南，2010。

黃國彥，《懷德海教育思想之研究》，臺北：嘉新水泥公司文化基金會，1969。

黎建球，《先秦天道思想》，臺北：箴言出版社，1974。

黎建球，《人生哲學》，臺北：三民出版社，1976。

黎建球，《朱熹哲學》，臺北：知音出版社，1978。

黎建球，《朱熹與多瑪斯形上思想的比較》，臺北：臺灣商務，1978。

黎建球，《多瑪斯人生哲學的形上基礎》，臺北：時新出版社，1979。

黎建球，《人生問題叢錄》，臺北：臺灣省訓練團，1989。

黎建球，《人生哲學講錄》，臺北：臺灣省訓練團，1990。

黎建球，《人生哲學問題叢錄》，新竹：仰哲出版社，1990。

黎建球，《人生哲學》，臺北：五南出版社，2004。

黎建球，《哲學與諮商論文集》，新北：輔大出版社，2009。

懷德海（A. N. Whitehead）著，吳志宏譯，《教育的目的》（*The Aims of Education*），臺北：桂冠出版社，1994。

羅光，《生命哲學》（訂定版），臺灣：學生書局，1990。

于斌主講，〈宗教的意義〉，《天主教鳥瞰》，紐約：中國宗教研究社，1952。

于斌，〈關係論──民國五十一年六月廿三日在人生哲學研究會基隆支會三週年紀
　　念會講〉，《于斌總主教宗教言論集》，臺北：新動力雜誌出版社，1963。

于斌，〈中西文化之比較〉，《于斌樞機最近言論集》，臺北縣：輔大，1972。

于斌，〈大學教育的目的〉，《于斌樞機言論續集》，臺北縣：輔大，2001。

于斌，〈勉入校新同學──人人要有理想，有抱負服務社會，造福人群〉，《于斌
　　樞機言論續集》，臺北縣：輔大，2001。

李祥政，〈論先秦儒家忠孝觀的繼承和發展〉，《咸寧學院學報》25.4(2005): 77-
　　79。

房志榮，〈儒家思想的天與聖經中的上帝之比較〉，《神學論集》31(1977): 15-
　　41。

張奉箴，〈紐曼樞機的大學教育論〉，《教育文粹》11(1982.06): 46-58。

潘小慧，〈論「直」──是與非之間〉，《哲學論集》33(2000): 125-144。

生命教育與生命
哲學

痛苦與生命教育 —— 一個哲學進路的探索

鍾隆琛

慈濟大學通識教育中心助理教授

摘要

　　本文目的主要在重估「生命中的痛苦」的價值，進而為「生命教育」的理論建構，證成（to justify）一個值得再強化的切入點 ——「痛苦」（suffering）。

　　本文的重點有兩個：

　　第一，「痛苦」，一方面是每個生命不可避免的境況或限定；但是，另一方面，做為一個人，不應該消極地忽略它，或只想一味地修復它，反而應該直接面對它、進而積極地超越它，始能充分地發揮人的最大可能性。整合這兩方面，才是「生命」本質的核心，也才是「生命教育」探索與實踐的核心。

　　第二，基於前一個重點，本文提議，「生命教育」的規劃與執行，有必要將「痛苦」與「生命教育」作連結，並且從兩個方向進行嘗試：首先，在理論面加入痛苦，重新以「如何直接面對痛苦」作為生命教育的核心問題；再者，在實踐面加入痛苦，重訂「以痛苦為主軸，貫串身心靈」的生命教育課程之架構與策略。

一、問題提出與研究進路

㈠問題的提出——關於「痛苦」與「生命教育」的連結

　　談「生命教育」一定要連結到「痛苦」嗎？就算要連結，但有必要大作文章嗎？也就是說，將「痛苦」連結到「生命教育」有那麼重要嗎？

　　其實，痛苦的經驗很早就為人類的文明所認識。[1]而論及「痛苦」的重要性，特別是注意到「痛苦」與「生命」的連結，正如P. Bloom在氏著《有多痛，就有多值得》（*The Sweet Spot: The Pleasures of Suffering and the Search for Meaning*）指出的，早已不是什麼新鮮事，從傳統宗教（例如，《聖經・創世紀》、佛教的四聖諦等等），到當代學界不勝枚舉。[2]其中也不乏經典的代表，例如，S. Samuelson在氏著《關於痛苦的七堂哲學課》（*Seven Ways of Looking at Pointless Suffering*）就整理出「看待痛苦的三種現代方式」，以及「看待痛苦的四種古典方式」。[3]因此，這裡應該無須再多舉例，來證明「痛苦」的重要性。不過，有兩個從不同方向證成「人生是痛苦的」的例子，還算新鮮，值得一提。第一個例子，是傳統先在氏著《哲學與人生》「人生之苦樂」章，證成的：

> 事實上，人生快樂比較多；但是，感受上，人生卻痛苦多。[4]

---

[1] 黎建球，〈生命中的痛苦與死亡〉，「第十七屆生命教育學術研討會：人生意義與幸福」發表之論文，國立臺灣大學生命教育育成中心，2021，頁11。

[2] Paul Bloom, *The Sweet Spot: The Pleasures of Suffering and the Search for Meaning* (New York: HarperCollins Publishers, 2021), p.xiii.

[3] S. Samuelson所整理「看待痛苦的三種現代方式」是：1. We Should Eliminate Pointless Suffering；2. We Should Embrace Pointless Suffering；3. We Must Take Responsibility for Pointless Suffering.；「看待痛苦的四種古典方式」是：1. Pointless Suffering Reveals God; 2. Pointless Suffering Atones Us with Nature; 3. Pointless Suffering Evokes Our Humanity; 4. Pointless Suffering Inspires Art.。cf. Scott Samuelson, *Seven Ways of Looking at Pointless Suffering* (Chicago: The University of Chicago Press, 2018).

[4] 傳統先，《哲學與人生》，臺北市：水牛圖書，1985，頁33-34。

他論證的前提是根據心理學家J.C. Flügel（1884～1955）的研究：「事實上，人生感到快樂的時間約占50%，多於只占22%感到痛苦的時間，剩下28%則是既沒感到快樂，也沒感到痛苦。」[5]但是，為什麼我們會感到人生痛苦多呢？傳統先說：「原因是很簡單的，因為我們對於苦和樂注意的程度不同。……當我們想避免痛苦的時候我偏遇著痛苦，於是痛苦就特別引起我們的注意。」[6]

另一個例子，是David Benatar在氏著《生存還是毀滅：人生終極困境的坦率指南》（*The human predicament: A Candid Guide to Life's Biggest Questions*）證成的：

感受上，雖然人生可能快樂多或痛苦多；但是，事實上，
人生遠比你所想的痛苦。[7]

他的論證：「雖然現實上人們的生活質素各有高低，差異也相當顯著。甚至有的人還會普遍高估自己的快樂、修正適應自己的不快樂」，但是「認真的審視人類的真實生活——人生除了生老病死，還充滿失望、不滿和壓力，便可發現客觀而言，所有人的人生其實遠比所想的痛苦。」[8]

到底「事實上，人生痛苦多或快樂多？」、「感受上，人生痛苦多或快樂多？」，恐怕皆很難有令人信服的標準答案，本文關心也不在此。這

---

[5] 傳統先在書中並未載明Flügel這篇研究詳細出處。經筆者考察應是：J. C. Flügel, "A Quantitative Study of Feeling and Emotion in Everyday Life," *British Journal of Psychology, 15*(1925): 318-355. 這篇研究的摘要，可參考：https://psycnet.apa.org/record/1926-08391-001

[6] 同註4，頁33。

[7] David Benatar, *The human predicament: A Candid Guide to Life's Biggest Questions* (Oxford University Press, 2017).這裡的論證，參考自Samson，〈其實人生遠比你所想的痛苦〉，好青年荼毒室—哲學部2019，https://corrupttheyouth.net/tradition/analytic/samson/6254/（檢索日期2022年12月25日）。

[8] 參考，同註7。

裡想說的只是，既然「痛苦」的重要性是各界的共識，而且立場或結論不同的學者，也都一致注意到「痛苦」與「生命」連結的重要性。

　　那麼選定「痛苦」作為省思「生命／生命教育」問題的切入點，應該有其必要性與適切性。

㈡進路的選定—以「一個哲學進路的探索」為主調

　　那麼，本文要選定什麼研究進路？簡言之，**透過哲學探索，將「痛苦」放入或連結到「生命」重新省思「什麼是生命／生命教育」**。所謂「哲學探索」，簡言之，亦即「透過概念分析、命題推理與理論建構，以追問事物本質並貞定之」的一種思考活動。因此，本文的主調，可以說就是「探索生命／生命教育的本質並貞定之」。[9]

　　那麼，什麼是生命（life）？正如J. Hoffman & G. Rosenkrantz在《劍橋哲學辭典》「生命」條目，所言：「生命，是活的實體或事物在活動時的特徵性質。」（the characteristic property of living substances or things）而生命主要由三個部分所組成：

> 1. 身：「諸如吸收、排泄、代謝、合成和生殖等身體活動
>   有關的能力（身體生命，physical life）」；
> 2. 心：「諸如人對環境及自我的感知和思考等心智活動的
>   能力（心理生命，mental life）」；

9　關於「探索生命／生命教育的本質」的討論，可參考：孫效智，〈生命教育的內涵與哲學基礎〉，林思伶主編，《生命教育的論理與實務》（臺北市：寰宇出版，2000），頁1-22；〈生命教育的哲學基礎〉，「第十五屆生命教育學術研討會：人的靈性」發表之論文，國立臺灣大學生命教育育成中心，2019，頁8-40。鈕則誠，〈生命教育的哲學反思〉，《哲學與文化》，2004，31(9): 47-57。游惠瑜，〈生命教育的哲學意義與價值〉，《逢甲大學人文社會學報》，2002，5: 89-105。黎建球，〈生命教育的哲學基礎〉，國立教育資料館，《教育資料集刊・生命教育專輯26輯》（臺北市：國立教育資料館，2001），頁1-26。

3. 靈：「純粹精神心靈生命的能力（靈性生命，purely spiritual mental life）。」[10]

上述分法的源頭，可追溯至基督宗教、希臘哲學，這裡暫無法細論。[11] 但是，這裡有必要指出的是，身、心、靈作爲人生命的三個結構或向度（dimension）的假設，已爲國內外多數學者所採用，[12]本文將以此作爲全文探索所接受的架構。再者，學者多數有如下共識：身、心、靈三向度「是不可分的整體」，[13]雖然「各有其運作機制與系統，然而相互間並非完全獨立，而是互通互動」、[14]「結合成爲一個完整的人」，[15]這樣的共識，同時也將作爲本文探索所接受的重要前提。

那麼，什麼是「生命教育」（Life Education）？學者相關的討論，已累積豐碩成果。[16]本文認爲回歸其基源問題，主要還是「要教育的是什

---

[10] R. Audi ed., *The Cambridge Dictionary of Philosophy. 2nd. ed.* (Cambridge UK: Cambridge University Press, 1999), p.504.

[11] 黎建球，〈身心靈整合的躍升〉，《哲學與文化》，2020，47(4): 5-21。

[12] 例如，Frankl、Jung與Maslow等人的說法。Frankl的說法，誠如李天慈所指出：「對人性的尊重、把人看作一個身、心、靈三個向度（dimension）是法蘭可教授的基本觀念。……人的身、心、靈是一個類似三度空間的整體，而非三個層次，是不可分的，如果只以生理、心理來看人，就像以二度取代三度空間而永遠得不到人的真相。」見Frankl原著，鄭納無譯，《意義的呼喚：意義治療大師法蘭可自傳》（臺北市：心靈工坊，2005），頁11-12。至於Jung與Maslow的說法，可參考，黎建球，同註11，頁5-21。國內採用身心靈三結構的學者及其說法，則可進一步參考，吳秀碧主編，《生命教育理論與教學方案》（臺北市：心理出版社，2006），頁22-31。傅佩榮，〈身心靈整合的可能性〉，「兩岸〔生命教育與管理〕學術研討會」發表之論文，致理技術學院、中華生死學會，2003，頁1-10。

[13] Frankl原著，同註12，頁11。

[14] 吳秀碧主編，同註12，頁21。

[15] 傅佩榮，《人生，一個哲學習題：認識自我、開發潛能、修養靈性的追求》（臺北市：遠見天下文化，2016）頁381。

[16] 例如，林思伶主編，同註9；黎建球，同註9；鈕則誠，同註9；吳秀碧主編，同註12；孫效智，同註9。

麼？」前述身、心、靈三向度既然「各有其運作機制與系統」，那麼它們
又是如何「互通互動」從而「結合為一整體」，呈顯生命的意義與價值
呢？探索並實踐這個問題，本文認為，正是生命教育之所以為生命教育的
關鍵所在。簡言之，生命不能只是「活著」，「生命教育」的本質，就是
要學習怎麼「整合身、心、靈」、「活出」生命的意義與價值。誠如，傅
佩榮所言：

> 要談論完整的人生（生命），絕不能脫離「身、心、靈」
> 三個部分。透過哲學思索，我們能確立三者之間的適當關
> 係，進而認識真正的自己。那就是：身體健康（身）是必
> 要的；心智成長（心）是需要的；靈性修養（靈）是重要
> 的。[17]

二、關於「痛苦」──性質、種類及可能的對
　　待方式

在上述「問題提出與研究進路」的基礎下，本文選定「痛苦」作為引
領全文探索切入點。也就是，將「痛苦」連結到「生命／生命教育」來進
行哲學探索。目標則是要接到下一節，展開一個以「痛苦」為主軸的生命
教育理論架構的雛型。這裡，先整合幾位學者的說法，作為引領本節探索
的線索：

> 其實，「痛苦在人世間是必然的」。以身、心、靈結構來
> 看，人類所承受的不只有「身體的痛苦」、「心理的痛
> 苦」，更有影響深遠的「靈性的痛苦」，例如「對生活中

---

[17] 引文中的括號，是本文所加。見傅佩榮，同註15，頁6-7；傅佩榮，同註12，頁1-10。

的未知和生命中的幽暗時刻，人心的深處感受到的恐懼，擔憂、哀傷和絕望」，此時人所承受的痛苦，甚至「足以將人摧毀」。[18]

　　上面這段資料中，隱含幾個待回答的問題：
1. 何謂「痛苦」？它是如何產生的？它與生命又有何關係？
2. 「痛苦」的種類有那些？它們之間的同異、關係為何？
3. 如何對待「痛苦」？有那些對待方式？它們之間的同異、關係又為何？
　　以下依序回答之。

(一)何謂「痛苦」

　　什麼是「痛苦」（suffering）？這可以從幾個方面來看：

1. 從它發生的過程來看

　　「痛苦」是人內心的感受（feeling），而且是一種廣泛而複雜的感受。[19]不管哪一種痛苦，其共同的特性是：讓人經驗地感到**不舒服**（uncomfortable）等**負面情緒**（negative emotions）；而且一般被看作：人的經驗和行為中**消極和否定因素**（anegative and negating element），因此通常會將它與受損（damage）連結在一起。[20]以上是從結果來看。

　　會有這樣的結果，不管哪一種痛苦，其共同的原因，乃是因為內心的**需要**（want; need）**受阻礙**（obstructed），使其**缺乏**（absence）、**不滿足**（dissatisfaction）所引起。[21]那麼，為什麼人的需要會受阻礙呢？因為，追求需要的滿足、完美，是人自然的渴望、趨向；但是，人的需要卻從來

---

[18] 以上引文，見黎建球，《人生哲學》，臺北市：五南圖書，2006，頁240；同註1，頁11-12。

[19] 如前所言，包括承受身體、心理與靈性不同種類痛苦而來的感受。不同種類痛苦的說明，詳見下。

[20] 以上參考自，Bekoff & Meaney, *Encyclopedia of Animal Rights and Animal Welfare* (Santa Barbara: Greenwood Press, 1998), p.329-330；Brugger原著，項退結編譯，《西洋哲學辭典》，臺北市：華香園出版社，1989，頁517-518；黎建球，同註1，頁13。

[21] 傅統先，同註4，頁25-34；Brugger原著，同註20，頁517。

不會十分滿足、完美，這卻也是人實存的境況。正如，黎建球在《人生哲學》「痛苦」章，所闡釋的（圖7-1）：

> 人對於完美的追求，是出於內心的一種自然需求，……是
> 任何外在的勢力都阻擋不住的一種內在渴望，當這種渴望
> 不能達成時，痛苦的感覺就出現，因此，對痛苦的正確分
> 析，**痛苦應是一個果，而其因則是匱乏**，由於匱乏，使人
> 不能獲得滿足，就造成了痛苦。[22]

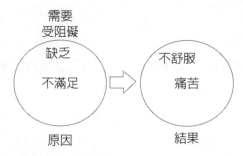

圖7-1　痛苦的性質（製圖：鍾隆琛）

2.從它與生命的關係來看

既然，「追求需要的滿足、完美，是人自然的渴望、趨向；但需要從來不會十分滿足、完美（常常不能立即達到，或達到也常常無法持久），卻又是人實存的境況。」那麼可以說，人的生命的過程，就是一個「→**滿足（完美）→不滿足（不完美）→滿足（完美）**」持續循環的奮鬥過程，[23] 甚至由於「需要從來不會十分滿足」生命的歷程將不斷伴隨著「不舒服的感受」（痛苦），也是必然的（necessary），因此讀到：「痛苦在

---

[22] 黎建球，《人生哲學》，臺北市：五南圖書，2006，頁234-236。

[23] 傳統先，同註4，頁18ff.；楊國榮，《顯魅與和樂：對生命意義的逆流探索》，香港：三聯書店，2016，頁82。

人世間是必然的」[24]這樣的結論，並不會太意外。因為，如前所言，「痛苦」其實就是人實存的境況，是人之所以為人的限定、場域。

㈡「痛苦」的種類及其與「快樂」的關係[25]

1. 既然需要的不滿足會造成痛苦，那麼依生命身、心、靈三結構，需要也會有三種，而這三種需要，若受阻礙無法獲得滿足的話，也會引起相應的三種痛苦，也就是「身體的痛苦」（physical pain）、「心理的痛苦」（mental suffering）以及「靈性的痛苦」（spiritual suffering）。以前面引J. Hoffman & G. Rosenkrantz對「生命」理解的基礎，[26]分別簡述之：

   ⑴「**身體的痛苦**」，指的就是身體生命（physical life）——諸如吸收、排泄、代謝、合成和生殖等身體活動能力，其需要的不滿足，所感受到的不舒服。這類痛苦，是人類與動物共有的原始需要的缺乏、受損或未適時發洩所引起的感覺，可用「**疼痛**」（pain）、「**激渴**」（thirsty）來統稱之。

   ⑵「**心理的痛苦**」，也稱為意識的痛苦（suffering of consciousness），指的就是心理生命（mental life）——諸如人對環境及自我的感知和思考等心智活動的能力，其需要的不滿足，所感受到的不舒服。這類痛苦，與所處社會環境或文化的關係息息相關，當此關係所需的需要缺乏、受損或未適時建立所引起的感覺，可用「**壓力**」（pressure）、「**挫折**」（frustration）來統稱之。

   ⑶「**靈性的痛苦**」指的就是靈性生命（purely spiritual mental life）——純粹精神心靈生命的能力，其需要的不滿足，所感受到的不舒服。

---

[24] 黎建球，同註22，頁234-236。

[25] 本節「痛苦的種類及其與快樂的關係」內容，主要參考自：傅佩榮，同註15，頁381-387、頁475-477。傅統先，同註4，頁20-34。黎建球，同註22，頁236-240。

[26] Audi，同註10。

這類痛苦，與自我超越、發現生命意義的能力息息相關，當此能力
所需的需要缺乏、受損或未適時展現所引起的感覺，可用「**畏懼**」
（fear）、「**空虛**」（emptiness）來統稱之。如前面提過的，靈性痛
苦是人心最深層的痛苦，此時人所承受，甚至「足以將人摧毀」。[27]

2. 既然，需要的不滿足會有不舒服感受，也就是痛苦，那麼，當需要獲得
滿足，內心所感受到的舒服感受，本文即統稱其為「快樂」。相應於身
心靈三種痛苦，快樂也有三種：

(1)「**身體的快樂**」（Physical pleasure），可用「**愉悅**」、「**健康**」來
統稱之。

(2)「**心理的快樂**」（Mental happiness）可用「**成就**」、「**實現**」來統
稱之。

(3)「**靈性的快樂**」（Spiritual happiness）才是真正且永恆的快樂（身
體、心理的快樂，只是短暫的快樂），這類快樂可用「**幸福**」或
「**超升**」來統稱之。

那麼如何看待這三種快樂的關係呢？周國平在《靈魂只能獨行》簡要
但精準地回答了這個問題：

> 前兩個部分（身體快樂、心理快樂）對於幸福也不是無關
> 緊要的。如果不能維持正常的肉體生活，饑寒交迫，幸福
> 未免是奢談。在社會生活的領域內，做事成功帶來的成就
> 感，愛情和友誼的經歷，都尤能使人發覺人生的意義，從
> 而轉化為幸福的體驗。
>
> 不過，……肉體的快樂只是起點，如果停留在這個起點
> 上，沉湎於此，局限於此，實際上是蒙受了自己所不知
> 道的巨大損失，把自己的人生限制在了一個可憐的範圍

---

[27] 同註1。

內。……幸福是一個更高的概念。……感到幸福，也就是感到自己的生命意義得到了實現。……這種體驗卻總是指向整個一生的，所包括的是對生命意義的總體評價。……所以，幸福不是零碎和表面的情緒，而是靈魂的愉悅。[28]

3. 依前面所言，需要的不滿足會感受到痛苦、需要獲得滿足則會感受到快樂，也就是說，痛苦與快樂其實是「**同一過程的兩方面**」、「**不能單獨存在**」。[29]從邏輯來看，一件事的發生其前件（antecedent）與後件（consequent）的關係有三種可能，[30]依此痛苦與快樂的關係，也有三種可能：

(1)「痛苦是快樂的充分條件（sufficient condition）」：痛苦的出現，充分保證快樂一定也出現。
(2)「痛苦是快樂的必要條件（necessary condition）」：痛苦的出現，並無法充分保證快樂一定出現；但沒有痛苦的出現，就一定沒有快樂出現的可能。
(3)「痛苦是快樂的充分且必要條件（sufficient and necessary conditions）」。

依前面本文對痛苦與快樂的說明，只能說「**痛苦是產生快樂的必要條件**」，不能說是「痛苦是產生快樂的充分條件」（既然不是充分條件，當然也不會是充分且必要條件）。總之，這裡想要說的是，並不是有痛苦就一定充分保證會有快樂，關鍵在於：「**怎麼對待痛苦**」，而且是要「**以適**

[28] 周國平，《靈魂只能獨行》，北京：北京十月文藝出版社，2018，「幸福與苦難」章。
[29] 傅統先，同註4，頁21-22、頁29-30。
[30] R. Munson & A. Black, The Elements of Reasoning 7th (Boston: Cengage Learning, 2017), p.95-96.

切的方式對待痛苦」才會有快樂產生。那麼要怎麼適切的對待痛苦？這就是下一節要談的內容。

㈢「痛苦」的幾個可能的對待方式

那麼如何對待「痛苦」？

1. S. Samuelson在氏著《關於痛苦的七堂哲學課》（*Seven Ways of Looking at Pointless Suffering*），指出本文底下探索的起點。他說，人類對待痛苦的方式，大抵不出三種：

　　⑴「忽略痛苦」（forget-about-it）。

　　⑵「修復痛苦」（fix-it）。

　　⑶「直接面對痛苦」（face-it）[31]。

「忽略痛苦」（forget-about-it），不應將它理解成道家的「坐忘」或儒家的「忘憂」，[32]它指的其實只是，一般人普遍持有的消極態度——對痛苦「視而不見」、「不去想它」或「就這樣算了」。至於，「修復它」主要是**運用科學、政治等技術來改善、修復痛苦帶來的受損**（例如不便、不公等等）。最後的「直接面對痛苦」，則是運用藝術、哲學與宗教來**親身體驗、深刻探索痛苦的負面、否定因素**。

2. Samuelson認為：「忽略痛苦」，「從根本上說，意味著失去人性」，並不是作為理性的人類應該有態度。[33]「修復痛苦」與「直接面對痛

---

[31] 英文原著S. Samuelson, *Seven Ways of Looking at Pointless Suffering*, Chicago: The University of Chicago Press, 2018, introduction.另參考：張佩譯《關於痛苦的七堂哲學課》，北京市：北京燕山出版社，2020，頁7-11。

[32] 可參考鍾隆琛，〈方外〉，哲學大辭書編審委員會，《哲學大辭書第二冊》，臺北縣新莊：輔仁大學出版社，1995，頁1010~1011（1010L31）；鍾隆琛，〈關於「莊子美學」研究進路之省思：以李澤厚、徐復觀的研究為線索〉，《慈濟通識教育學刊》，2020，No.13:94。

[33] S. Samuelson說：「我絕沒有鄙視這種『忘了它』的態度的意思，但從根本上說，忘記痛苦意味著

苦」才是人類面對自身境況應該有的基本態度，但是「修復痛苦」與
「直接面對痛苦」必須取得平衡。換言之，不能只停留在「直接面
對」，而放棄任何「修復」的努力，這就有點像，現在的流行語「不接
地氣」、「天龍國」所要表述的，從而對生活上的不便、不公**流於麻木
或無感，甚至縱容**；但是，另一方面，也不能一味、粗暴地只是想在現
實中「修復痛苦」，而不願「直接面對痛苦」，因為這將**流於膚淺**。因
為，不願運用藝術、哲學與宗教來**親身體驗、深刻探索**痛苦的負面、否
定因素，這將「失去通過痛苦（特別是「靈性的痛苦」）來豐富人之所
以為人的能力，而這些都是所有富有意義的事情的核心，也是生命本身
的核心。」[34]（這個部分的說明，詳見下一節）

3. 「修復痛苦」，正是現代科學、政治當道因應痛苦的主流態度，因此
Samuelson全書的主旨可以說，正是要強化「直接面對痛苦」（但不是
只停留在此），以避免流於現代粗暴對待痛苦的膚淺。這同時也是本文
的主旨。因此，本文接下來要問的就是：「**如何直接面對痛苦？**」而
且，**為什麼「直接面對痛苦」，才可以豐富人之所以為人的能力，從而
深入到生命本身的核心？**以上是就「靈性痛苦」而言。但別忘了，生命
還有其他階段或向度」，也就是「身體痛苦」與「心理痛苦」。底下即
在兼顧「生命不同向度的痛苦」這個背景下，接到「關於痛苦與生命教
育」這個主題，繼續本文的探索。

失去人性。」、「植物生長，然後枯萎；動物遭受痛苦，便本能地減輕自己的疼痛；而我們人類卻
必須用我們的理性，找到一種應對痛苦的方式」同註31，英文原著，introduction；中譯本，頁9。

[34] S. Samuelson的原文如下：「The overarching point I explore in this book is that to be human is to embody a huge paradox: the paradox of having simultaneously to accept and to reject suffering; the paradox of both facing and fixing the same troubles. Simply to face suffering while renouncing any effort to fix it is heartless: we shirk our wonderful power to better our condition; we become complacent, personally and politically, in the face of injustice. But simply to fix suffering without any effort to face it is shallow: we lose our ability to enrich ourselves through the difficulties, tragedies, and vulnerabilities at the heart of all meaningful things, at the heart of life itself……」同註31，英文原著，introduction；中譯本，頁10-11。

三、關於「痛苦」與「生命教育」──以痛苦為主軸的生命教育理論架構芻議

既然「痛苦」是人實際的境況、限定，而且選擇「直接面對它」，不只是平衡現代粗暴「解決它」的當務之急，更是深入生命核心的重要決斷。[35]那麼「生命教育」如何在把握此切入點的基礎下，重新思考「以痛苦為主軸的生命教育理論架構」的可能？本文認為，此點若要成為可能，至少可以從兩方面提出芻議：

(1)在理論面加入痛苦，重提引領生命教育的核心問題。

(2)在實踐面加入痛苦，重訂生命教育課程規劃的策略。

(一)芻議1：理論面加入痛苦，重提引領生命教育的核心問題

以前面幾節為基礎，本文認為可以「如何**直接面對痛苦**？」（「**如何直接面對不同生命向度的痛苦？**」）作為引領生命教育推行的核心問題。

1. 那麼如何進行呢？李天命在他的作品集《從思考到思考之上》、《破悶》等書，對「如何直接面對痛苦？」作了簡要但具啟發的提點。[36]底下就從這裡開始。李氏說：「我」可以分為兩個不同層面：「感覺層的我」與「思想層的我」。[37]本文前面所說的身、心、靈的痛苦，皆是主觀感受，因此皆屬於他所謂「感覺層的我」所感覺的範圍。

那麼「我」如何「**直接面對痛苦**」？李氏的提點，簡言之，亦即運用「思想層的我」兩個看待事物的角度──「思想超離」（「思考」）與「純思態度」（「思考之上」），來直接面對痛苦（見圖7-2）。[38]

---

[35] Frankl原著，同註12，頁27。

[36] 例如，李天命有一次演講回答聽眾的提問：「會不會有些事情能令你痛苦得無法抵受的呢？」，見李天命，《從思考到思考之上（最終定本）》，香港：明報出版社，2013，頁116。

[37] 同註36。

[38] 「純思態度」，李天命認為：相較於「思想超離」「更重要得多了，有無可比擬的大用」，再者，

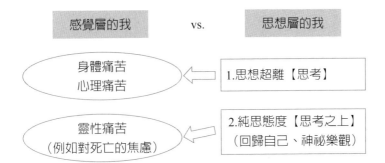

圖7-2　李天命「『我』如何『直接面對』痛苦？」（製圖：鍾隆琛）

2. 首先，李氏認為，「**思想超離**」可以用來直接面對「身體、心理的痛苦」。「在思想上超離它。並不是……感覺的痛苦就一定會消失。它可能還在那裡，但變成了思想的對象。思想超離了感覺，像從遠距離冷眼旁觀那個感覺，這時那個痛苦感覺就算沒有完全消失，至少也會減弱。」[39]林從一曾將思考可分成初階、中階和高階三種層次，其中「高階思考」「要求我們out of box（跳脫原來的框架）看事情」，具體方法包括「角色扮演」、「換個框架思考」以及「白骨精法」，[40]本文認為林從一的「高階思考」很能用來補充說明李氏的「思想超離」。

3. 再者，李氏的「**純思態度**」（或「回歸自己」），則可以用來直接面對「靈性的痛苦」。「純思態度」「雖有『思』字，其實本質上不屬於

「純思態度，雖有『思』字，其實本質上不屬於『思考』，而屬於『思考之上』。」，另外，他有時也用「神祕樂觀」、「回歸自己」或「思考之上」等名詞來稱之。參考，李天命，同註36，頁116、94、85-87；另參考李天命，《破惘》，北京：中國人民大學出版社，2008，頁195-196。為統一本文的用語，內文修改了李天命部分的用語。

[39] 同註36，頁116。

[40] 特別是其中的「白骨精法」，林從一解釋道：「白骨精，就是比喻人在百年後化成白骨，這個方法是鍛鍊切換『遠近視野』的能力，像一個人十年後、二十年後，甚至一百年後會是什麼樣子。利用白骨精透過角度放大、時間拉遠，透過觀察近像，再想像遠景，訓練我們能夠更全盤的思考問題。」見林從一，〈有意識地跳脫框架，思考問題更全面〉，《經理人月刊》，2016，3月號，第136期：獨立思考的技術，頁86-87。

『思考』，而屬於『思考之上』」[41]；「純」字，指的是「沒有具體內容而仍然樂觀的態度。」[42]「這種樂觀，只是肯定一切煩惱終會得到妥善解決，至於……如何可在實際上全都得到妥善解決，則非人類智慧所能知。」[43]「純思態度」他認為「至關緊要的一著」就是「然後**回歸自己**」。

「回歸自己」的「意思是說，在心無雜念的澄澈狀態中，完全沉入……**『自己』這個純粹神識的最深處，回歸到精神或靈魂最祕密的核心裏**」，[44]此時「即使他的外表反應看來與常人無異，甚至他的心理反應亦與常人無異，他的神識最深處（思想最深處、靈魂最深處）還是遠遠超過常人，……天地間沒有任何不幸能夠碰觸到他。」[45]至於，「**純思態度」要如何培養、學習呢？黎建球**曾提出C.I.S.A.身心靈修練的方法，「所謂的C是覺察（Consciousness）、I指洞見（Insight）、S指靈動（Spiritual Moving）、A則是指超升（Ascend）」，[46]本文認為很能補充與印證之。

4. 整合前面所言，就可以理解為什麼Samuelson會說「**痛苦之謎，也是人性之謎**」。[47]已故香港中文大學哲學系教授楊國榮（1967～2010），臥

---

[41] 同註36，頁101。

[42] 其「純」字還有另一層意思：指的是「一種既不能被科學證實、但也不會被科學推翻的形上觀念。」見，同註36，頁86。

[43] 以上參考李天命，同註36，頁86；同註38，《破惘》，頁66。

[44] 同註36，頁86、頁17。

[45] 同註36，頁p.89-91。李天命「純思態度」的說法，Frankl也有相同看法，可進一步參考，Frankl，同註12，頁96。Frankl說法的詮釋與提點，林安梧、余德慧的推薦序文與導讀很值得參考，Frankl，同註12，頁14-18、26-31。

[46] 關於「黎建球C.I.S.A.身心靈修練方法」，有三篇重要的論文，可相互參考。第一篇：〈C.I.S.A理論的實踐與應用〉，《哲學與文化》，2007，34(1): 3-17；第二篇：〈現代人的死亡焦慮〉，《哲學與文化》，2012，39(12): 5-16；第三篇：同註11，2020年的〈身心靈整合的躍升〉。

[47] Samuelson，同註31，英文原著，introduction；中譯本，頁17。

病期間也獲致同樣的體會：「人生痛苦的謎團，至少在大原則上是解開了。」[48]楊氏所體會的「解開痛苦謎團大原則」，正可作為這裡的結論，他說：

> 人生是一場奮鬥。這場奮鬥，始於兩個「但是」。第一，人生有苦，但是，我們卻生而具備克勝痛苦的力量；第二，我們克勝痛苦的力量、勇氣和自由都是有限的，但是，我們卻可以在修行的過程裏，無止境地提升我們的自由和勇氣。人生的奮鬥，就是要提升勇氣，克服痛苦。[49]

　　總之，我們有必要重估「生命不同向度痛苦」的價值（特別是靈性痛苦）。一方面，「人生必然是痛苦的」，這是每個生命不可避免、既有的限定或境況；另一方面，做為一個人，「生命中的痛苦」不應該消極地忽略它、只想一味地修復它，反而應該直接面對它，進而是要讓每個生命積極地「自我超越」（**self-transcendence**），始能充分地發揮人之所以為人的最大可能性。這兩方面的整合，才是「生命」本質的核心，也才是「生命教育」探索與實踐的核心。[50]
　　以上，是從理論面重新思考「以痛苦為主軸的生命教育理論架構」的可能。如前所示，本文認為生命教育可以「如何直接面對痛苦？」作為核心問題，引領學習者與生命不同階段（身心靈結構）的痛苦碰撞，然後層層轉進深入到生命本身的核心。接下來，將從實踐面來重新思考「以痛苦

---

[48] 楊國榮，同註23，頁82。

[49] 同前註，頁82-83。

[50] 必須強調，這樣的「超越」（transcendence）不能與「超絕」（transcendent）混同。參考W. Brugger，同註20，頁544-545。「超絕」，指的是「指上下兩界斷絕，無法融貫」；「超越」，指的則是「兩界融貫」，接近莊子思想中的「逍遙」，也就是「雖向上超升，但並不因此而自絕於世俗之外的『超越』。」關於莊子思想中的「超越」，可參考鍾隆琛，同註32。

爲主軸的生命教育理論架構」的可能。

㈡芻議2：實踐面加入痛苦，重訂課程規劃之架構與策略

基於前面理論面的芻議，接下來，從**實踐面**來重新思考「以痛苦爲主軸的生命教育理論架構」的可能。底下預計從「架構」與「策略」兩個面向來說明：

1. 生命教育課程規劃之架構。
2. 生命教育課程規劃之策略。

1. 生命教育課程規劃之架構

首先，如前面各節所述，將「痛苦」安立至身、心、靈各層，會有三層次的痛苦，以及相應的三層次的快樂，並帶出各層次不同的意義與價值。至此可以初步整合成一個「**以痛苦爲主軸，貫串身心靈的生命教育課程架構**」（見圖7-3），之後可以用此架構，建立課程的模組，進而安排課程的進度、教案的分組與撰寫。

生命結構	需要	痛苦 不滿足 ➡	快樂 滿足	意見與價值
靈性	意義／存在	畏懼／空虛	➡ 幸福	自我的超越
心理	關係／實現	壓力／挫折	➡ 成就	關係的和諧
身體	生存／健康	疼痛／激渴	➡ 愉快	健康的生活

圖7-3　以「痛苦」爲主軸的生命教育課程規劃架構圖（製圖：鍾隆琛）

　　至於，臺灣教育部目前主力推行的108課綱五大核心素養（「方法」、「基礎」，再加上「人生三問」）的架構，並沒有與本文提出的架構相衝突，反而可以相互補充。「五大核心素養架構」平心而論，已是一個發展相當成熟，面面俱到的課程規劃架構，它比較缺少的，只是更有自覺地強化「痛苦」，而且以之為貫串人生三問的主軸。例如，第一問「為何而活？」（「終極關懷」），配合「生命不同向度的痛苦」作為起手式，讓教學在一開頭，就發揮作用。因為，不論就教者、受教者而言，它是我們最熟悉、最有感的。再者，在第二問「應該如何活？」（價值思辨）以「痛苦」作為主軸或切入各個具體價值思辨的情境之中，更有助於帶動生命教育的教學現場、提升教學效果。最後，「如何活出應該活？」加入「痛苦」更能帶出如何與生命的有限共處、學習脆弱……，特別在是面對「靈性痛苦」最能發揮其作用。

2. 生命教育課程規劃之策略

　　有了前面的架構，接下來應該要談的就是課程規劃的設計與執行。但是，其實臺灣推動生命教育二十多年來，已累積不少與「生命不同向度痛苦」有關的課程規劃與設計，[51]只是比較零散、未整合在本文前述的理論與架構而已。因此，這裡要補充的只是課程規劃的策略。這點，吳秀碧主編《生命教育理論與教學方案》，曾依身、心、靈架構，提出相應各級學校的策略，[52]本文認為，很具有參考價值：

　　(1)「小學階段」以協助兒童發現個人**生存的意義**為核心，
　　　　主題配置以「身體」範疇發展的目標居多，「心理」其

---

[51] 可參考紀潔芳，《創新與傳承：大學生命教育課程規劃與實務》，新北市新店：辰皓國際出版，2021；吳秀碧主編，同註12；林思伶主編，同註9。更多相關的課程規劃與設計，可參考教育部生命教育相關網站。例如，教育部生命教育全球資訊網：https://life.edu.tw/zhTW2/life_courses；生命教育學科中心：https://ghresource.mt.ntnu.edu.tw/nss/p/LifeEducation

[52] 另外，林思伶主編，同註9，也提出相應各級學校（大學、中學、小學）的實務策略，可參考之。

次；

(2)「中學階段」則以協助青少年發現個人生活與人生經驗的**意義為核心**，主題配置以「心理」範疇發展的目標居多，「靈性」其次。

(3)「大學階段」以協助成年初期的大學生發現與發展個人的**存在意義為核心**，主題配置以「靈性」範疇發展的目標居多。[53]

上述策略層層轉進，與本文前述架構一致。連結至本文，其實只要在各級學校階段的主題配置，有自覺的加入「培養適切對待痛苦的能力」即可。

四、結論

平心而論，臺灣推動生命教育二十多年來，累積的成果是有目共睹的。但是第一線教學現場普遍接收到的訊息，卻是「教的人有心，卻無力」、「學的人有在，卻無感」。到底哪裡出問題？

在一些因緣巧合下，「痛苦」這個主題召喚著我，它或許是一個重新點燃的火種或key？！基於此，本文從本身專業領域入手，自訂任務：從哲學的進路，重估「生命中的痛苦」的價值，進而為生命教育的理論建構，證成（to justify）一個值得再強化的切入點。本文證成的結果如下：

「痛苦」，一方面是每個生命不可避免的境況或限定；但是，另一方面，做為一個人，不應該只是消極地忽略它，反而應該主動、勇敢地直接面對它，進而超越它，才能平衡現代粗暴地想「修復它」的困境，充分地發揮人的最大可能性。簡言之，這兩方面的整合，才是「生命」本質的核心，也才是「生命教育」探索與實踐的核心。

---

[53] 見吳秀碧主編，同註12，頁29-31。

　　基於此，本文提議，「生命教育」的規劃與執行，有必要將「痛苦」與「生命教育」做連結。如果這樣的提議可以被接受，那麼或許可以思考本文提出的兩個芻議：首先，在理論面加入痛苦，重新以「如何直接面對痛苦」作爲生命教育的核心問題，引領學習者與生命不同階段（身心靈結構）的痛苦碰撞，然後層層轉進深入到生命本身的核心。再者，在實踐面加入痛苦，重訂「以痛苦爲主軸，貫串身心靈的生命教育課程」之架構與策略，如此不只不會與目前教育部推行的五大核心素養（人生三問）的架構衝突，而且可相互補充之。

　　至此，本文展開一個以「痛苦」爲主軸的生命教育理論架構的雛型，但仍有待各位先進進一步檢驗、指正。

參考文獻

中文部分

李天命，《破惘》，北京：中國人民大學出版社，2008。

李天命，《從思考到思考之上（最終定本）》，香港：明報出版社，2013。

吳秀碧主編，《生命教育理論與教學方案》，臺北市：心理出版社，2006。

林思伶主編，《生命教育的論理與實務》，臺北市：寰宇出版，2000。

林從一，〈有意識地跳脫框架，思考問題更全面〉，《經理人月刊》，2016，3月號，第136期：獨立思考的技術，頁86-87。

周國平，《靈魂只能獨行》，北京：北京十月文藝出版社，2018。

紀潔芳，《創新與傳承：大學生命教育課程規劃與實務》，新北市新店：辰皓國際出版，2021。

孫效智，〈生命教育的內涵與哲學基礎〉，林思伶主編，《生命教育的論理與實務》，臺北市：寰宇出版，2000，頁1-22。

孫效智，〈生命教育的哲學基礎〉，「第十五屆生命教育學術研討會：人的靈性」發表之論文，國立臺灣大學生命教育育成中心，2019。

鈕則誠，〈生命教育的哲學反思〉，《哲學與文化》，2004，31(9): 47-57。

游惠瑜，〈生命教育的哲學意義與價值〉，《逢甲大學人文社會學報》，2002，5: 89-105。

傅佩榮，《人生，一個哲學習題：認識自我、開發潛能、修養靈性的追求》，臺北市：遠見天下文化，2016。

傅佩榮，〈身心靈整合的可能性〉，「兩岸[生命教育與管理]學術研討會」發表之論文，致理技術學院、中華生死學會，2003。

傅統先，《哲學與人生》，臺北市：水牛圖書，1985。

楊國榮，《顯魅與和樂：對生命意義的逆流探索》，香港：三聯書店，2016。

黎建球，《人生哲學》，臺北市：五南圖書，2006。

黎建球，〈生命教育的哲學基礎〉，國立教育資料館，《教育資料集刊·生命教育專輯26輯》，臺北市：國立教育資料館，2001，頁1-26。

黎建球，〈C.I.S.A理論的實踐與應用〉，《哲學與文化》，2007，34(1)：3-17。

黎建球，〈現代人的死亡焦慮〉，《哲學與文化》，2012，39(12)：5-16。

黎建球，〈身心靈整合的躍升〉，《哲學與文化》，2020，47(4): 5-21。

黎建球，〈生命中的痛苦與死亡〉，「第十七屆生命教育學術研討會：人生意義與幸福」發表之論文，國立臺灣大學生命教育育成中心，2021。

鍾隆琛，〈方外〉，哲學大辭書編審委員會，《哲學大辭書第二冊》，臺北縣新莊：輔仁大學出版社，1995，頁1010~1011（1010L31）。

鍾隆琛，〈關於「莊子美學」研究進路之省思：以李澤厚、徐復觀的研究為線索〉，《慈濟通識教育學刊》，2020，No.13: 83-105。

Brugger, W.，項退結編譯，《西洋哲學辭典》，臺北市：華香園出版社，1989。

Frankl, Viktor E.，鄭納無譯，《意義的呼喚：意義治療大師法蘭可自傳》，臺北市：心靈工坊，2005。

Samson，〈其實人生遠比你所想的痛苦〉，好青年荼毒室—哲學部2019，https://corrupttheyouth.net/tradition/analytic/samson/6254/ (檢索於2022年12月25日)。

Samuelson, Scott，張佩譯《關於痛苦的七堂哲學課》，北京市：北京燕山出版社，2020。

外文部分

Audi, R., ed., *The Cambridge Dictionary of Philosophy. 2nd. ed.* (Cambridge UK: Cambridge University Press, 1999).

Bekoff, M. & Meaney, C. A., *Encyclopedia of Animal Rights and Animal Welfare* (Santa Barbara: Greenwood Press, 1998).

Benatar, David, *The human predicament: A Candid Guide to Life's Biggest Questions* (Oxford University Press, 2017).

Bloom, Paul, *The Sweet Spot: The Pleasures of Suffering and the Search for Meaning* (New York: HarperCollins Publishers, 2021).

Flügel, J. C."A Quantitative Study of Feeling and Emotion in Everyday Life," *British Journal of Psychology, 15*(1925)*:* 318-355.

Frankl, Viktor E., *Man's Search for Ultimate Meaning: An Introduction to Logotherapy* (New York: Perseus Book Publishing, 1997).

Maslow, A. H., *The Farther Reaches of Human Nature* (New York: Viking Press, 1971).

Munson, R. & Black, A., *The Elements of Reasoning 7ᵗʰ* (Boston: Cengage Learning, 2017).

Jung, C. G., *Analytical Psychology: Its Theory and Practice* (London and Henley: Routledge & Kegan Paul, 1963).

Samuelson, Scott, *Seven Ways of Looking at Pointless Suffering* (Chicago: The University of Chicago Press, 2018).

千利休的生命哲學 —— 個體化的心路歷程[1]

劉秋固

大葉大學通識中心兼任教授

摘要

　　千利休是日本戰國時代安土桃山時代著名的茶道宗師，日本人尊稱為「茶聖」。本文以山本兼一於2009年獲得「直木獎」的《利休之死》（利休にたずねよ）為文本，以心理學家榮格的意識與無意識及原型理論，探討千利休十九歲時邂逅一名高麗女人及殉情所造成的陰影。榮格認為在眾多原型中，影響我們的人格和行為最深的就是陰影原型。而個人在成長的過程中，人格也要不斷地發展和成長，叫做「個體化」歷程。本文認為千利休坦誠面對與接納高麗女人死亡的陰影，並且在此後五十年「個體化」的心路歷程中，將陰影的巨大能量轉換成自己的人格特質 —— 成為創造日本侘寂茶器具的動力。雖然最後被豐臣秀吉賜死，但其「個體化」重建自我生命的價值，死而無憾！

關鍵字：千利休、原型、陰影、個體化

一、引言

　　日本茶道的發展，一般認為歸諸於榮西和尚（1141～1215）將茶種、茶碗從中國帶回日本開始。榮西之後有村田珠光（1422～1502），

---

[1] 感謝本文在會議發表中，承蒙呂健吉、鄭玉英、李賢中三位教授的指正！

經由武野紹鷗（1502～1555）繼承改進，到千利休（1522～1591）集其大成，建立所謂「侘寂茶道」或「侘數奇茶道」的規模。最後，久松眞一（1889～1980）將侘寂思想發揚光大。[2]而傅偉勳以久松眞一的主張認爲，侘寂具有茶道文化獨特的七大性格，彼此和而不可分，即不均齊（asymmetry）、簡素（simplicity）、枯高（lofty dryness）、自然（naturalness）、幽玄（profound subtlety）、脫俗（non-vulgarity）以及寂靜（tranquility）。[3]其實，「侘寂」是繼「物哀」之後，日本文化中重要組成，是日本人對生命的「生死觀」與「無常觀」的看法，表現在從「物哀」到「侘寂」的歷史發展過程。[4]

　　千利休是日本戰國時代安土桃山時代著名的茶道宗師，日本人尊稱爲「茶聖」。也因爲是茶聖的關係，所以在日本有關千利休的小說、影視劇達40種之多。[5]不過，最新有關千利休的文學小說是山本兼一於2009年獲得「直木獎」的《利休之死》一書，及據此小說拍成的《一代茶聖千利休》電影。[6]這部文學小說，描寫年青的千與四郎（千利休年輕時的姓名）十九歲時與一名高麗女人的邂逅與殉情的故事（參見下節）。這短暫而淒美的愛情，卻影響千利休此後五十年的人生歲月，對所有侘寂茶器具的創作，也都因這刻骨銘心的愛情而起。這《利休之死》文學小說，雖不是史實的文獻資料，但其談茶器具之創作，例如，不均齊的花器、簡樸的草庵茶室、自然契合手掌的茶碗、枯高的山茶花裝置等等，顯現「侘寂」之精神，宛如亞里士多德「詩比歷史更眞實」之說。

　　山本兼一的《利休之死》小說，其哲學意味濃厚，對於生命意義的

2　久松眞一，〈茶の精神〉，《茶道の哲學》，東京：理想社，1973，頁70-103。

3　傅偉勳，〈久松眞一的禪與茶〉，《普門學報》第55期(2010)：402。

4　蔣維樂，〈「侘寂」美學發展溯源研究〉，《建築與文化》第9期(2021)：27。

5　參維基百科https://zh.wikipedia.org/wiki/%E5%8D%83%E5%88%A9%E4%BC%91（檢索日期2023年1月1日）

6　田中光敏導演，《一代茶聖千利休》，東京：東映株式會社，2009。

追尋與思考，打動不少讀者觀眾的心。生命的意義是什麼？愛情創傷之後的生命意義是什麼？我們應以何種姿態面對生命的創傷與陰影投射？而創造另一番生命意義？本文以分析心理學家榮格（Carl Gustav Jung, 1875～1961）的「個體化」為研究方法，分析利休在年輕時因高麗女人殉情，此後一輩子的陰影，在五十年的歲月裡，接納陰影、投射陰影、創作侘寂茶具。最後，雖然被抗拒陰影的豐臣秀吉「賜死」，但這五十年的個體化的心路歷程，深入個集體無意識、整合了意識與無意識、自我與真我，雖然最後被「賜死」，但對其個體化的生命價值，死而無憾！

二、文獻探討

　　在山本兼一《利休之死》（翻譯中文版）小說中，幾乎全篇論及利休因高麗女人殉情之後的陰影與其投射在侘寂茶器具的創作生涯。其心路歷程，儼然如榮格「個體化」的生命歷程。在此歷程中，利休面對的是：自我意識層面與深藏內心高麗女人魂牽夢縈「阿尼瑪」無意識的衝突、自我「人格面具」與「陰影」的整合與投射的創作，而此創作的原動力是集體無意識之自性（Self）「原型」，猶如榮格畫許多「曼陀羅」而達到意識與無意識的平衡與療癒。

　　榮格是位瑞士的精神科醫師、心理學家。榮格提出了「個體化」（individuation）的概念，並將它應用於「個體」人格的「轉化」與「發展」。他認為「個體化」是為了讓「個體」的「自我意識」（consciousness of ego）獲得更寬廣的發展。而這種發展即是朝向「自性」（Self），讓人格獲得更完整的發展過程。換言之，「個體化」即心靈成長的歷程。榮格曾在繪製曼陀羅的過程中發現了「自性」（Self），並認為「自性」即是心靈的核心，因此，在「個體化」的發展歷程中「心靈」即是朝向「自性」而進行發展。就「個體化」的「歷程」而言，是為

了尋找真實的「自己」（自性Self）[7]——「真我實現」。

　　榮格窮其畢生之力探索的便是人類的心靈。綜觀榮格學說的全貌，可說它是環繞著心靈（psyche）、靈魂（soul）、精神（spirit）現象所建構的心理學（蔡昌雄，1999）。榮格的學說不僅下到個人無意識（personal unconsciousness），還深入集體無意識（collective unconsciousness），開展出一片深奧神祕的內在心靈大陸。

　　人為何要「個體化」（或稱「自性化」）呢？因為，榮格認為人類的災難的痛苦主要來自於「二元對立」的問題，也就是意識與無意識（潛意識）層面的對立。人格的分裂也是來自於「意識」與「無意識」的分裂。人因為生活中二元對立的現象，產生我們內在心靈的分裂，在面對外在生活與內在生命諸多面向以兩極的對立，造成對個體及世界心靈層面的傷害。榮格的思想幫助我們洞察分裂，並擴展個人對無意識及集體無意識的洞察，到接納內在的分裂、趨近真實的心靈，個體生命乃走向整合。[8]簡言之，榮格「個體化歷程」即是將原本「二元的心靈」整合為一「動態平衡」的整體歷程。對外的部分可以與生活做連結，對內而言，「意識與無意識」保持著平衡的關係。[9]

　　而在個體化的進程中，要整合的是自我的「人格面具」與「陰影」及阿尼瑪／阿尼姆斯的性別認同問題。陰影在人類進化史上具有極其深遠的根基，可說是一切原型中最強大最危險的一個，是人身上所有最好與最壞東西的發源地。[10]陰影是人類心靈中最黑暗、最深入的部分，是集體無意

---

[7] 李宗憲，《生命的自我認識與整合—試論榮格個體化哲學》，南華大學生死學系哲學與生命教育碩士論文，2014，頁1。

[8] 李佩怡，〈生命整合之道—榮格思想為二十一世紀人類提供的洞見㈠〉，《諮商與輔導》288(2009)：32。

[9] 同註6頁104。

[10] 涂贇、黃健人，〈論《哈利‧波特》中佛地魔與哈利的陰影原型的個體化〉，《文教資料》(2007)：23。

識中由人類祖先遺傳而來，包括人的最基本的動物性，它使人具有激情、攻擊和狂烈的傾向。但陰影是人格中不可或缺的原型構成之一，具有重要的作用。它使人格具有整體性、豐滿性；富於活力、創造力和生命力。如果，排斥和壓制陰影會使人格變得蒼白平庸。陰影是個人無意識通往集體無意識的通道，代表著人格結構中個人與隱私的一面。陰影之門的背後「湧出的是令人驚異不已的東西，那是一片充滿著前所未有的不確定性的無邊之域，沒有任何內外、上下、彼此、你我以及好壞之分。」陰影是人無意識自我中較黑暗的一面，也可以說是人格中較為卑劣和不那麼令人滿意的方面；是人希望抑制的因素。榮格在《心理學反思》一書中指出：「從最深的意義來看，陰影就是仍拖在人類身後的那條看不見的蜥蜴尾巴。」[11]就千利休而言，其內心的無意識陰影（高麗女人之死）不斷的影響其行為舉止，而千利休也不斷地有意識地創作侘寂茶器具，將「二元的心靈」整合為一「動態平衡」的「個體化歷程」。

三、千利休（與四郎）與高麗女人的邂逅及殉情

　　山本兼一在《利休之死》這部文學小說中，描述千利休所創作的侘寂茶器具的因緣。一句話：就是與四郎（千利休年輕時的名字）與高麗女人的邂逅與殉情之後，其陰影的投射與創作的結果。此段戀情在此書的第22～23章有詳細的描寫──與四郎與高麗女人在逃亡過程中，與四郎原本要跟高麗女人以茶一起殉道，於是他泡了加老鼠毒藥的茶，先給女人喝。女人喝下之後立刻全身痙攣而死。但因自己恐懼而沒有喝毒茶而號啕大哭起來。[12]

　　此短暫而淒美的愛情，反映了日本傳統對生命無常的「物哀」觀。在山本兼一筆下與四郎（千利休）與高麗女人的愛情，只能以「此情可待成

---

[11]同註9。頁23。

[12]山本兼一著，張智淵譯，《利休之死》，台北市：臺灣商務印書館，2010年，初版。關於利休與高麗女人的邂逅及殉情經過，詳情請參閱原著第22及23章。

追憶，只是當時已惘然」來形容。這刻骨銘心的愛情印痕已深深印在千利休腦海中。此後千利休五十年的侘寂茶器具創作，都是因爲高麗女人的緣故。

四、千利休的生命哲學：個體化的心路歷程

　　榮格的個體化歷程涉及意識與無意識的統合，亦即將無意識層面的素材帶入意識層面，使人對自己產生更加深刻的理解。個體化是一種與生俱來的傾向，是一種動力、一種心靈上的驅力和衝動，在每個人身上有獨一無二的形式，其目的是讓個體成爲更加眞實的自己。個體化透過與各人格面向建立有意識的關係，在意識層面盡可能涵容內在心靈的各種面向。人會受其驅動而尋求意識的發展，不管他們是否在理智上有所體認。個體化是動力性的，是持續一生的任務，其精髓在於爲心靈的黑暗面帶來曙光，整合心靈中的對立與張力，尋求超脫個人層次的寬廣視野，超脫個人經由社會文化等累積而成的習慣與態度，產生意識的擴充，得到更深的自我理解及完整性。[13]山本兼一筆下的利休就是在對立、衝突與整合、追求個體化的心路歷程，度過五十年的人生歲月：

　　　我的一生……
　　　只爲了在寂靜之中，享用一杯茶而費盡心思。千方百計地鑽研，爲的是從一杯茶中享受活在天地間的無上幸福。[14]
　　　我只對美的事物磕頭。[15]
　　　我打造出了那種茶道。不可能不美。[16]

---

[13]莊硯涵，〈面對陰影的個體化旅程：榮格心理學在電影《少年PI的奇幻漂流》之實踐與啓發〉，《輔導季刊》（2015）：55。

[14]同註12頁5。

[15]同註12頁5。

[16]同註12頁146-147。

㈠利休與「阿尼瑪」的認同

　　榮格認為個體化過程，必須處理性別認同的問題。榮格認為兩性皆有陰陽兩種成分與特質，他稱男性內在存有女性特質，是男性內在的女性人物，又是男性生命中的「陰性」向度，為「阿尼瑪」（anima）；而女性內在存有男性的特質，是女性內在的男性人物，是女性生命中的「陽性」向度，為「阿尼姆斯」（animus）。這兩者是心靈的原型人物，是基本的生命型態，可以「陰、陽」的概念來理解，而性別可視為是這兩者的第二特徵。……然社會化的過程強化了個體認同自己的性別角色，同時抑止個體有機會在社會情境下展現自己內在的異性向特質。那壓抑的異性向特質在個體意識面越忽略時，越深刻地潛伏在個人無意識中。按榮格的心理原則，指出：「凡是在個人有意識適應主流文化過程中被排拒出來的事物，都會被移轉到無意識中，而且會匯聚在榮格稱為阿尼瑪／阿尼姆斯的結構四周。」[17]

　　高麗女人雖然已經死了，但是魂牽夢縈的「阿尼瑪」對利休而言，仍深刻地潛伏在利休的個人無意識中，可謂「此情可待成追憶，只是當時已惘然」。透過夢，可反映個人的阿尼瑪斯與性別的人格面具之間的關係如何，亦有平衡意識面人格的作用。[18]確實，高麗女人對利休而言：

> 那是一場夢，只不過是幻影罷了，這世上不可能有那種美
> 女──。或許是因為上了年紀，最近利休經常這麼想。[19]
> ──那個女人，十九歲時，利休殺害的女人。[20]

---

[17]同註7頁32。
[18]同註7頁32。
[19]同註12頁185。
[20]同註12頁9。

　　自高麗女人死後，那個女人凜然的臉龐，利休不曾或忘無時無刻住在他心上的女人。她在他心中占有一席之地的太過理所當然。後來，宗易（在高麗女人死後，與四郎到南宋寺出家，獲得「宗易」法號，是爲了迴向給高麗女人）雖然結了婚，也有多名妾，但對已經死亡的高麗女人，仍然念念不忘。每年六月的時候（殉情的日子），便獨自到海濱的倉庫（殉情的地點）與高麗女人幽會。在六月的某一天，利休的妻子多惠、側室宗恩及妾蝶兒三個女人到海濱松樹林的倉庫尋找宗易，倉庫內只有宗易一個人，沒有其他女人。宗易坐在鋪地板的房間，對面放著一株開著白花的木槿花枝。看在妻子多惠眼中，那朵楚楚可憐的花像是代替某個女人。花前放著高麗茶碗，茶碗中裝著薄茶。宗易口中唸著「……aurmudaputta（美麗的女人）」低喃的話，聽起來像是在向坐在那裡的虛幻女人求愛。[21]

　　由此可見，高麗女人雖然已經死亡，但其「阿尼瑪」仍在利休的個人無意識中，在利休個體化的心路歷程中產生作用。

㈡利休的「人格面具」與「陰影」

　　在個體化的進程中，首先遭遇到的就是自己的「陰影」。李佩怡說：「光照射在物體，物體背後自然就會有陰影，即『如影隨形』，陰影總跟隨著光裡的形象。」M. Stein（1999）指出：人們在人前呈顯的形象爲人格面具，也受意識自我（ego）控制；而在人格面具的背後，受意識自我所排斥壓抑的心理特性或品質，即是陰影。一般而言，陰影具有不道德或至少不名譽的特性，包括個人本性中反社會習俗和道德傳統的特質。每一個自我皆有陰影，藏在無意識之中，陰影常以投射到他人身上的方式出現。[22]

　　利休在高麗女人死後，雖然結了婚，也有多名妾，在原配多惠死後娶宗恩爲繼室，可說婚姻生活美滿。利休在織田信長（1534～1582）及豐臣秀吉（1537～1598）兩大名臣擔任「茶頭」，尤其在豐臣秀吉時更是

---

[21] 同註12，376-377。

[22] 同註7頁32。

赫赫有名的茶道中人。然而，高麗女人死亡的陰影在利休內心深處，恐懼與害怕，如影隨形長達五十年。雖然，利休對高麗女人一直「此情可待成追憶」念念不忘，但是死亡的陰影，一方面影響利休茶道中人的「人格面具」，一方面也顯示「個體化」心路歷程之艱辛：

> 利休閉上雙眼，黑暗中清楚地浮現一張凜然的女人臉龐。
> 那一天，利休讓女人喝了茶。
> 從此之後，利休的茶道通往了一寂寥的另一個世界。[23]
> 當時……利休有一個揮之不去的悔恨念頭。他總在黑暗中的褥墊翻來覆去，便是因為這個緣故。當時利休十九歲，一名高麗女子被囚在堺的屋子裡。[24]
> ……
> 利休腦中一片清明，縱然心中充滿悔恨，今天又將展開新的一天。無論心中懷著何種陰影，他寧可愉快地活下去。[25]

(三)利休的陰影投射與侘寂茶器具的創作

　　在個體化的進程中，雖然，首先遭遇的就是自己的「陰影」。但「陰影」中包括了許多原始的本能及原初的心理狀態，覺察陰影是達到心理整合必然的過程。榮格認為「陰影」不需要被消除，而是轉化成為生命活力及創造力之源。[26]雖然，利休內心陰影的衝突與痛苦，在個體化過程中無

---

[23]同註12頁19。

[24]同註12頁147。

[25]同註12頁149。

[26]李淑麗，《「苦難」作為個體歸返整體之召喚─以榮格「個體化」觀點詮釋之》，慈濟大學人文社會學宗教與人文研究所碩士論文，2016，頁46。

法回避，但在他的內心衝突中，說明他對陰影有了初步的認識和感知。而
要完成陰影的個體化這一艱巨任務，他還必須寬慰和接納這一有意義的
「陰暗面」。榮格認為「只有當人努力做到真誠坦率、運用自己的洞察
力，他才能比較容易地將陰影統一到意識人格之中」。面對陰影，利休沒
有停留裏足不前，憑藉自己的坦誠，一步步將「陰影」納入到自己的人格
之中，讓陰影的巨大能量通過適合自己個性的恰當方式得到安全釋放，重
新構建了自我的生命。榮格認為每個人一生中都有在追求精神「統合」與
「圓滿」的傾向。「只有當自己可以利用自己的理由來創造一些有意義的
東西時，他才配得上說應該擁有自由。對個體而言，發現生活的內在意
義比其他任何事都重要。」[27]陰影與利休的侘寂茶道器具藝術創作，猶如
羅伯特・強森所謂「陰影中的黃金，是救命恩典」。[28]如同榮格在創傷之
後，畫許多的「曼陀羅」而療癒。

　　山本兼一在《利休之死》中，描述千利休的茶道器具創作，例如，金
屏風的仕女畫、黃金茶室、不均齊的花器、簡樸的草庵茶室、自然契合手
掌的茶碗、枯高的山茶花裝置等等，每件皆是令人驚嘆的藝術創作。然這
些所有的茶器具的創作背後全都有高麗女人陰影的投射，而成侘寂茶道之
美感。根據榮格的思想，推動利休這些創作的根本原動力，是集體無意識
的「自性」（Self）原型。但此處筆者認為「自性」是「愛」！

　　　雖然稱為侘茶，但是利休的茶道卻生意盎然。反倒像是背
　　　後隱藏著某種熱情。[29]
　　　利休有一股其他侘茶人沒有的熱情，肯定是那在吸引人。

---

[27]卡爾・榮格，《人及其象徵：榮格思想精華》，新北市：立緒文化，1999，頁268。
[28]羅伯特・強森著，徐曉珮譯，《擁抱陰影：從榮格觀點探索心靈的黑暗面》，新北市：心靈工坊，
　　2021，初版，頁99。
[29]同註12頁205。

那個男人有一股熱血……類似愛戀女人的力量都非比尋常
地強勁。[30]

五、結語

面對陰影，利休沒有停留裹足不前，憑藉自己的真情與勇氣，一步步
將「陰影」接納到自己的人格之中，讓陰影的巨大能量通過適合自己個性
的人格面具，以恰當方式得到安全釋放，重新構建了自我的生命價值——
集侘寂茶道之大成。反之，抗拒陰影，拒絕自己本性中的黑暗面，反倒會
儲存或累積黑暗，之後可能以鬱悶的情緒、身心疾病，或無意識挑起的意
外等形式出現。[31]《利休之死》小說中的豐臣秀吉，就是一直陷在陰影的
泥淖中無法自拔。秀吉雖爬上權力的顛峰，卻因為利休侘寂茶道的才華而
嫉妒利休，最後「賜死」利休。而利休也像日本傳統武士一樣勇於接受
「賜死」，無憾地走完他「個體化」的心路歷程，到另一個世界見高麗女
人。

「今天就當作妳的喪禮吧。」
……
利休纏上懷紙，握住短刀，呼吸變得紊亂，他輕撫腹部，
調勻氣息。
釜中的水聲宛如吹過松樹的風聲般響起。[32]

筆者認為千利休的個體化到賜死，像詩人美的還鄉。如果在世期間是
思鄉期，則死亡會是詩人美的還鄉。換言之，詩人所嚮慕的至美，只有經

---

[30] 同註12頁206。

[31] 同註46頁74。

[32] 同註12頁13-19。

歷死亡一剎那的轉換，始可獲得圓滿的投奔。無怪乎川端康成會說：「藝術達到登峰造極之境、都會展現臨終之眼。」[33]

參考文獻

山本兼一著，張智淵譯，《利休之死》（臺北市：臺灣商務印書館，2010年，初版）

久松真一，〈茶の精神〉，《茶道の哲學》（東京：理想社，1973）

卡爾・榮格，《人及其象徵：榮格思想精華》（新北市：立緒文化，1999）

羅伯特・強森著，徐曉珮譯，《擁抱陰影：從榮格觀點探索心靈的黑暗面》（新北市：心靈工坊，2021，初版）

傅偉勳，〈久松真一的禪與茶〉，《普門學報》，第55期2010。

蔣維樂，〈「侘寂」美學發展溯源研究〉，《建築與文化》，第9期2021。

李佩怡，〈生命整合之道—榮格思想為二十一世紀人類提供的洞見（一）〉，《諮商與輔導》第288期，2009年。

涂贇、黃健人，〈論《哈利・波特》中佛地魔與哈利的陰影原型的個體化〉，《文教資料》2007。

關永中，〈死亡的一剎那—一個超驗法的探索〉，《哲學論集》1997(30)。

莊硯涵，〈面對陰影的個體化旅程：榮格心理學在電影《少年PI的奇幻漂流》之實踐與啟發〉，《輔導季刊》，2015。

李淑麗，《「苦難」作為個體歸返整體之召喚—以榮格「個體化」觀點詮釋之》。慈濟大學人文社會學宗教與人文研究所碩士論文，2016。

李宗憲，《生命的自我認識與整合—試論榮格個體化哲學》。南華大學生死學系哲學與生命教育碩士論文，2014。

田中光敏導演，《一代茶聖千利休》。東京：東映株式會社，2009。

維基百科https://zh.wikipedia.org/wiki/%E5%8D%83%E5%88%A9%E4%BC%91（檢索日期2023年1月1日）

---

[33] 關永中，〈死亡的一剎那—一個超驗法的探索〉，《哲學論集》1997(30)：205。

天人合一：從人性生成論宇宙大生命的力動性

陳振崑

中國文化大學哲學系教授

摘要

　　筆者在聆聽恩師黎建球講座教授國際神學專題演講有關聖多瑪斯的天主觀時，提及一個天主的力動性的觀念，認為非常有啓發性。對照西方的基督神學或士林哲學論及「天主之力動性」的觀念，或德國哲學家黑格爾精神現象學之論宇宙或歷史是「精神」的辯證發展；懷德海之論「歷程哲學」；中國傳統宋明理學之形上學或本體論研究本於大易哲學的天道觀念，也有「天理流行」、「天命流行」、「太和之氣」等種種邁向宇宙大生命之動態發展的說法。

　　因此，筆者本文嘗試對照現代新儒學熊十力的「體用不二」與吳汝鈞的「純粹力動現象學」的思辨過程，闡發其中理論性的努力與創獲，並指出其理論侷限所在。最後再嘗試回頭以王船山「道器合一」的本體宇宙論與「太和之氣」的力動性之思想勝義所在，以回應宇宙大生命之動態發展的課題。

關鍵詞：船山氣學、體用不二、純粹力動、太和之氣、生命力

一、前言

　　對照西方的基督神學或士林哲學論及「天主之力動性」的觀念，或德國哲學家黑格爾精神現象學之論宇宙或歷史是「精神」的辯證發展；懷德海之論「歷程哲學」；中國傳統宋明理學之形上學或本體論研究本於大易哲學的天道觀念，也有「天理流行」、「天命流行」、「太和之氣」等種種邁向宇宙大生命之動態發展的說法。例如程朱理學中，朱熹（晦庵，1130～1200）延續程頤（伊川，1033～1107）易學的本體論理論架構，繼續以「體用論」詮釋伊川「體用一源，顯微無間」的易學原理。朱子說：

> 體用一源，體雖無跡，中已有用。顯微無間者，顯中便具微。天地未有，萬物已具，此是體中有用。天地既立，此理亦存，此是顯中有微。[1]

　　朱子面對種種的質難，就「道器不離而有別」與「體用之分」，進行了詳盡的說明。其中，朱子的理氣論雖極力強調體／用、微／顯之分，然同時又力主道器不離而融貫合一，而最終統整為其具代表性的「理一分殊」哲學理論。再者，朱子讚揚周敦頤（濂溪，1017～1073）〈太極圖說〉的宇宙發生論並積極為之辯護：「其體用一源，顯微之無間，秦漢以下，未有臻斯理者。」[2]在此理論的重構中，程朱體用論的理論開展，相對於周濂溪，太極相對於陰陽以下的變化已然具有了形上本體與形下現象，兩者既同出於一源又融貫無間隔，亦即一種「一體而二分」的體用關係。朱子的〈太極圖說解〉便是對周濂溪〈太極圖說〉的理論闡釋。筆者曾為文論證朱子所論「天理流行」與「生生之理」的「活動性」，即成為

---

[1] 朱熹，〈程子易傳〉，《朱子語類》卷67，《朱子全書》第16冊，頁2221。

[2] 朱子以程伊川理氣二分、體用一源的本體論思想架構詮釋周濂溪〈太極圖說〉的宇宙發生論。引文見朱熹，〈隆興府學濂溪先生祠祀〉，《朱文公文集》卷78，《朱子全書》第24冊，頁3748。

其中一個重要的理論環節。在此特別就其〈太極圖說解〉體用論之動／靜問題提出討論。

朱子深入「太極」與《易》理對於「體用」不即不離的關係有了更深刻的體會，不能簡單地體用與動靜上下一刀切，而明確提出自己對於「動靜」見解的修正：

> 熹向以太極爲體、動靜爲用，其言固有病，後已改之曰：「太極者本然之妙也；動靜者所乘之機也」，此者庶幾近之，來喻疑於體用之云甚當，但所以疑之之說，則與熹之所以改之之意，又若不相似然。蓋謂太極含動靜則可，（以本體而言也）。謂太極有動靜則可，（以流行而言也），若謂太極便是動靜，則是形而上下者不可分，而「易有太極」之言亦贅矣。[3]

在朱子理氣論的理論體系中，到底太極與動靜的關係爲何？實蘊含理論詮釋的開展可能性。如果單單從文獻來看，便暴露出朱子曾說過：「理無動靜」與「理有動靜」的文字矛盾，以及後來曹端「死人騎活馬」（「理駕馭氣」）的理論難題。筆者嘗試從朱子曾明確指出「太極的動靜」與「陰陽的動靜」屬於兩個不同的層次。亦即朱子曾清楚明辨地援引與詮釋周濂溪的《通書・動靜第十六》，就形下之「物」與形上之「理」而言動靜的兩個層次。朱子曰：

> 「動而無靜，靜而無動者，物也。」此言形而下之器也。形而下者，則不能通，故方其動時，則無了那靜；方其靜時，則無了那動。如水只是水，火只是火。就人言之，

---

[3] 朱熹，〈答楊子直一〉，《朱文公集》卷45，《朱子全書》第22冊，頁2072。

語則不默，默則不語。以物言之，飛則不植，植則不飛
是也。「動而無動，靜而無靜」，非不動不靜，此言形而
上之理也。理則神而莫測，方其動時，未嘗不靜，故曰
「無動」；方其靜時，未嘗不動，故曰「無靜」。靜中有
動，動中有靜，靜而能動，動而能靜，陽中有陰，陰中有
陽，錯綜無窮是也。……言理之動靜，則靜中有動，動中
有靜，其體也：靜而能動，動而能靜，其用也。言物之動
靜，則動者無靜，靜者無動，其體也；動者則不能靜，靜
者則不能動，其用也。」（端蒙）⁴

在此，筆者分別以「運行」（activity），有如《道德經》所稱「道」是
「周行而不殆」，指稱形而上的理之活動狀態爲「神」；而以「運動」
（movement）指稱時空經驗層次之形而下的活動狀態爲「物」。⁵筆者如
此依據周濂溪與朱子的文獻，並分析式的解釋，可以化解朱子論「理」有
沒有活動性的表面矛盾，並平反其被批評爲「理只存有而不活動」的誤
解。

　　不過，朱子理學的體用論理氣二分的說法，如何能眞正達致「不即不
離」的理論效果，仍然隱藏被批評爲落入二元論的兩難困境。例如，前文
朱子所論形上與形下兩層次的動靜如何能融合爲一體的理論效果，還欠缺
合理的、充分的理論說明與證成。王守仁（陽明，1472～1529）之心學對
於朱子理學關鍵性的批判與補充，主要呈現在心性修養論之道德主體性的
挺立上，而不是在本體宇宙論的理論建構。⁶與陽明同時期的王廷相（浚

---

⁴ 朱熹，〈周子之書·動靜〉，《朱子語類》卷94，《朱子全書》第17冊，頁3160-3161。

⁵ 陳振崑，〈「理一分殊」：朱子成德之學的思維結構基礎〉，《朱子成德之學的理論與實踐》，臺北：文津出版社，2018，頁83。

⁶ 王陽明亦有同氣感通之語：「天地無人的良知，亦不可爲天地矣。蓋天地萬物與人原是一體，其發竅之最精處，是人心一點靈明。……故五穀禽獸之類，皆可以養人；藥石之類，皆可以療疾：只爲

川，1474～1544）氣本論哲學則抱持與朱子理學相反的另一個極端立場。王廷相在太極與陰陽的關係上說：

> 天地之間，一氣生生，而常而變，萬有不齊故氣一則理
> 一，氣萬則理萬。世儒則專言理一而遺理萬，偏矣。天有
> 天之理，地有地之理，人有人之理，物有物之理，幽有幽
> 之理，明有明之理，各各差別，統而言之，皆氣之化，大
> 德敦化，本始一源也。分而言之，氣有百昌，小德川流，
> 各正性命也。[7]

王廷相的氣化論以氣為本，否定「理」的獨立性與先在性，並把「氣化流行」的變化動態視為全然形而下的物質性存在。這無非是漢儒宇宙元氣說的再版。雖然說明了因為氣的變化，而成就理的萬殊，且更較為符合現代自然科學的機械論世界觀，但根本是取消而非克服朱子理學原先想達致「不即不離」之理論效果所陷入的理氣二元困境。

朱子理學重要的繼承者羅欽順（整庵，1465～1547）主張：「理氣為一物」[8]，對於太極與陰陽之關係的課題，有其進一步的理論開展。羅欽順基本上希望從援引張載（橫渠，1020～1077）「神化一體」的觀點，嘗試化解朱子理氣二元的難題。羅欽順論述太極與陰陽的合一與分化說：

> 神化者，天地之妙用也。天地間非陰陽不化，非太極不
> 神，然遂以太極為神，以陰陽為化則不可。夫化乃陰陽之

同此一氣，故能相通耳。」王守仁，《傳習錄》下，《王陽明全集》第1冊，杭州：浙江古籍出版社，2011，頁118。

[7] 王廷相，〈雅述〉上篇，《王廷相哲學選集》，臺北：河洛圖書出版社，1974，頁99。

[8] 羅欽順曰：「即氣即理，絕無縫縫。」「理氣渾然，更無縫縫。」見羅氏，《困知記》卷下，北京：中華書局點校本，1990，頁30，156。

所爲，而陰陽非化也。神乃太極之所爲，而太極非神也。
「爲」之爲言，所謂「莫之爲而爲」者也。張子云：「一
故神，兩故化。」蓋化言其運行者也，神言其存主者也。
化雖兩其行也常一，神本一而兩之中無弗在焉。合而言之
則爲神，分而言之則爲化。故言化則神在其中矣，言神則
化在其中矣，言陰陽則太極在其中矣，言太極則陰陽在其
中矣。一而二，二而一者也。[9]

羅欽順以張橫渠「一故神，兩故化」，亦即本於大易哲學「一而二，二而
一」、「合中有分，分中有合」，相反相成的辯證邏輯，用「神化一體而
有分」的理論架構，來說明太極與陰陽不即不離的常變狀態，如此似乎
進入更爲圓融而準確的詮釋路徑。然而，「化雖兩其行也常一，神本一
而兩之中無弗在焉」、「言陰陽則太極在其中矣，言太極則陰陽在其中
矣。」。其中「一而二，二而一」的說法雖然能區別以「合而神」和「分
而化」兩個不同觀點所展現出合與分兩個不同的視域效果，然而，分合之
間，太極與陰陽「不即不離」的辯證關係如何能夠存有論的理論確立？則
欠缺更詳盡、更完整的理論說明與證成。

　　因此，筆者下文嘗試對照現代新儒學熊十力的「體用不二」與吳汝鈞
的「純粹力動現象學」的思辨過程，闡發其中理論思辨的努力與創獲，並
指出其理論偏限所在。最後再嘗試回頭以王船山氣化的「道器論」之本體
宇宙論與「太和之氣」的力動性之思想勝義所在，以回應宇宙大生命之動
態發展的課題。

二、熊十力之論「體用不二，翕闢成變」

　　本文之論心物合一的「體用觀」或「本體宇宙論」（ontocosmo-

---

9 羅欽順，《困知記》卷上，頁13-14。

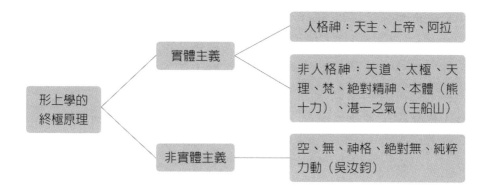

logy），其中相對於略似「功用」、「功能」的「現象」（phenomenon）
而言，「本體」（noumenon, thing-in-itself）或「實體」（substance）乃
指稱作為形上學（Metaphysics）或存有論（Ontology）的終極原理，可能
有其諸多不同觀點。

　　現代新儒學開宗學者熊十力（子眞，1885～1968）出入百家，穿過佛
學空有二宗之勝義，回歸大易生生哲學，精心建構《新唯識論》、《體用
論》。他主張「體用不二，翕闢成變」，並主要以「大海水」與「眾漚」
為喻，說明本體與現象不即不離的密切關係。[10]如此面對朱子理學體用論
中理氣二分的難題，似乎提供了新的解決的可能性。筆者條列闡述其思想
要義：

㈠實體（恆轉）之大用流行的兩方面：闢／翕、心／物、陽／陰、乾／坤、神／質

　　熊十力之論實體之全體大用，同時含具渾全一整體以及相對偶的兩個
方面，建構了一系列兩兩相反相成之物質與精神的兩個方面的對偶觀念架
構。熊十力說：

---

[10]熊十力，《體用論》，臺北：臺灣學生書局，1987，頁218，220。雖然熊十力主張玄學真理（不同
　　於科學真理）以生命證會及其實踐為主，而思辨推理為輔；且本體宇宙論之大生命能與道德主體性
　　之本心相融貫。本文限於篇幅與研究目標，論述侷限於理論思辨體系之證成。

> 實體能變，名爲恆轉（是一），相續不已，其顯爲翕勢，
> （是二）；同時俱起，闢勢，（是三）……闢是稱體起
> 用。闢勢開發，渾全無畛，至健不墜（頁28）
> 翕，動而凝也。闢，動而升也。凝者，爲質爲物。升者，
> 爲精爲神。蓋實體變成功用，即此功用之內部，已有兩端
> 相反之幾，遂起翕闢兩方面之顯著分化，萬變自此不竭
> 也。（頁249）

其中，熊十力說明宇宙人生的變化來源於渾全健有的實體（恆轉），因實體之恆轉呈現爲生生不已、變動無竭之大流，即起動功用之變化，開展爲兩個相反相成的大勢力現象：開發、舒展的「闢勢」與凝聚、收斂的「翕勢」，兩者同時俱起，相反相成。例如，「離心力」與「向心力」合成星球之依軌道運行（物理）；「呼」與「吸」合成生命之氣息；「舒張」與「收縮」合成心臟之血壓（生理）；「放鬆」與「專注」合奏心情的旋律（心理）；精神與身體構成人的生命的兩個功能象限。

熊十力論實體之稱體起用，亦即實體之大用流行，具有：闢／翕、心／物、陽／陰、乾／坤、神／質，兩兩相反相成的對偶功能。其中大用流行的「行」字有「遷流不住」（自我覺察）與「相狀詐現」（感官所知）的兩個涵義。熊十力說：

> 行者、遷流義。心物都是遷流不住、故名爲行。諸行都無
> 實自體。故亦名法相（現象）。[11]
> 神質二性是爲實體內涵相反之兩端；實體以變成大用[12]

---

[11] 熊十力，《體用論》，頁191。

[12] 熊十力，《體用論》，頁30。熊十力「遷流不住」、「相狀詐現」的現象觀點均爲吳汝鈞所沿襲。

其中「心行」具陽剛之德，含藏向上的勢力；「物行」具陰柔之德，含藏「攝聚成物」，但不是「向下、沉墜」的勢力。熊十力引用姚信所說：「乾稱精（精神），坤爲質力。」[13]大易哲學以乾陽爲精神；坤陰爲物質。「坤以簡能」指坤德以簡能貞固專一而化成物質。闢爲精神；翕爲物質。質則散殊，精乃大一。[14]總之，乾／坤、闢／翕、陽／陰、神／質以相反相成而歸統合，完成全體之協調發展，以成就大易哲學整全一體而分化萬殊之理論。

㈡全體論者，整體宇宙大生命分化爲萬象變化

熊十力之論本體之攝體歸用，其大化流行之變化有豐富的五個涵義：

1.幻有義：刹那變化，無固定相。
2.眞實義：萬變皆是本體眞實流行。
3.圓滿義：大化周流，無往而不圓滿。
4.交徧義：如眾燈一室，交光相網，不相障礙。
5.無盡義：本體無窮盡之大寶藏，其流行自無窮盡。[15]

再者，熊十力之論流行變化，仍歸向一全體論者，以爲宇宙萬象是一個渾然整全的宇宙大生命，不是許多細分之和集，而是整全之一大勢力，其圓滿無虧，周流無礙，德用無窮。[16]而且本體與現象的關係是：「即用明體、即用顯體、全體大用。」且如此之全體是生生活躍，故恆起分化都是實體內在，不離萬象的自身動態呈現；[17]反之，物以群分，所分化爲不同獨立特性之萬象，亦不離宇宙和集互相貫通之大整體。[18]這有點類似華

---

[13]熊十力，《體用論》，頁333。

[14]熊十力，《體用論》，頁252-253。

[15]熊十力，《體用論》，頁54-58。

[16]熊十力說：「一者，無對義；大者，言其至大無外也；圓滿者，言其能興萬化，起萬變，爲萬德萬理之所自出也。」引自熊十力，《體用論》，頁24-25。

[17]熊十力，《體用論》，頁243-244。

[18]熊十力，《體用論》，頁274。

嚴宗「一即一切，一切即一」一多相即的心識思維架構，但若以此作爲說明宇宙萬象之存有學結構是否已合理證成？

㈢總結「乾坤並建」、「體用不二」的原則

　　熊十力本於大易哲學「一陰一陽之謂道」的統合辯證邏輯，處理體用一本而萬殊的課題，頗能兼顧合一與分殊的兩面。他不僅屢次使用大海水與眾漚的譬喻說明體用不二的不即不離關係。他更正面宣稱以「乾坤並建」與「體用不二」作爲其本體宇宙論哲學系統之總結，並依此批判唯心論與唯物論之存有學主張。熊十力總論及心／物、絕對／相對、（物）質／力（能）、（精）神／（物）質、天／人與隱／顯……諸相反相成對偶範疇的分殊與統合，做了一系列系統條理的理論規劃。熊十力說：

> （乾坤並建）乾坤不可剖作兩體，（祇是功用之兩方面。不是二元。）更不可於此兩方面，任意而取其一，如唯心唯物諸戲論。
> 體用不二（全體大用）、本原現象不二、眞實變異不二、絕對相對不二、心物不二、質力不二、天人不二諸原理（頁336）
> 精神物質之間，本隱之顯（頁322）、神質不二（頁324）

㈣熊十力亦留意到「氣」的觀念有待闡發，但未發揮其關鍵詮釋力量。

　　熊十力雖大力主張體用不二理論並以譬喻與理論規劃加以說明體用不即不離的情境，但欠缺理論的深入證成。雖然他亦留意到傳統哲學中「氣」的觀念，但未能加以重視「氣」在解決體用不即不離關係中可能蘊含的詮釋效力。再者，熊十力對於「氣」的理解，囿於先秦、漢儒以來之

「元氣」概念，甚至流於以輕微流動之「質力」形容「氣」，否定有先於質力之上的「氣」層次，殊為可惜。其內中深意待後文詳盡之。熊十力說：

> 余考易緯，有太初，氣之始也云云。鄭玄釋此氣字，曰元氣。推鄭氏意，蓋以元氣即是坤，故緯書尊之曰太初也。鄭氏東漢人，猶承西京儒生遺說。西京去六國猶近，七十子後學傳授易義，頗有存者，鄭氏必有所本。惟漢以來治易者，於氣字不求正解，祇模糊而談，是可惜耳。余謂氣者，形容詞，惟質力輕微流動，故形容之曰氣耳。[19]
> 古代陰陽家推論宇宙泰始，元氣未分，濛鴻而已。……其後質力發展，萬物既成，宇宙已非濛鴻之象。古云元氣，祇可作為質力之別一名稱耳，實非有元氣在質力之先也。[20]

三、吳汝鈞之論「純粹力動現象學」

當代哲學學者臺灣中央研究院中國文哲研究所吳汝鈞教授（1946～）學貫中西現代哲學，專精現象學理論，並會通佛教哲學與日本京都學派思想，獨創《純粹力動現象學》（*Phänomenologie der reinen Vitalität*），對於熊十力的本體宇宙論亦有其獨特的理解與批判。以下條列略述其詳：

㈠熊十力體用不二論的理論困難

吳汝鈞基本上善解與繼承了熊十力的體用不二論，延伸到對熊十力後來著作《乾坤衍》之思想的發展，並總結與肯認熊十力在體用不二的理論

---

[19]熊十力，《體用論》，頁257-258。

[20]熊十力，《體用論》，頁259-260。

基礎上貶抑「攝用歸體」，而採取「攝體歸用」的思維導向。此「攝體歸用」的思維導向的兩個原則是：正視現象、萬物的眞實性（reality）與把宇宙、現象視爲不斷發展的進化歷程（process）。[21]這兩個原則都符應於現象學的理論要求，但吳汝鈞仍提出熊十力體用不二理論的兩個困難：

1. 本體與功用（現象）雖不離，但各有其分際：無限與有限、絕對與相對、渾全與分化，本體與宇宙之終極圓融未能理論證成。

2. 本體含藏複雜性，（相反；矛盾），失卻純一性的本質。[22]

㈡吳汝鈞創建「純粹力動現象學」

　　吳汝鈞嘗試透過對於熊十力體用不二論的攝受與改良，希望能批判地繼承其實體主義主體觀之充實飽滿的健動性與創造性，但能避免掉其流於質體性與滯礙性；另一方面又要參酌佛學的「空」與京都學派的「絕對無」等非實體主義的本體觀，以致能保留本體的超越性與靈活性，而精心建構其「純粹力動」的現象學理論。以下條列略述其詳：

1. 何謂「純粹力動」？

　　「純粹力動」又稱「純粹活動」，是絕對的生生不息的動感，也是本體宇宙之活動的、超越的（transcendental）、純粹的（rein）原理。[23]「純粹力動」是一種以力動說的原理，沒有實體，也沒有人格性。它凝聚、下墜、分化而詐現宇宙萬物，亦貫徹於其中，因此，萬物都稟有它的虛靈性格。因此，它是超越而內在的。……純粹力動詐現宇宙萬物，如水結成冰，水的存在，只能在冰中找到，水和冰是融和的。[24]

---

[21]吳汝鈞，《純粹力動現象學》，臺北：臺灣商務印書館，2005，頁10-11。

[22]吳汝鈞，《純粹力動現象學》，頁14-16。熊十力的主張見其《乾坤衍》（臺北：臺灣商務印書館，1987），頁244。

[23]吳汝鈞，《純粹力動現象學》，頁35。

[24]吳汝鈞，《純粹力動現象學》，頁42。

2.何謂「純粹力動現象學」？

　「純粹力動」（「形而上的力」）其虛靈本性即貫徹於現象之中，讓現象之間互不相礙，有圓融無礙的關係。而其原來的明覺亦能如實地理解現象的詐現性格，無自性、實體可言，因而不加執取，由此可建立以力動爲根基的現象學。[25]

3.「純粹力動」具價值直覺力量，與良知、天理相應

　純粹力動不（只）是精神力量，但有價值導向義，具有絕對義的價值根源。[26]「睿智的直覺」（intellektuelle Anschauung）（個體生命中存在並活動的心靈能力）與「純粹力動」相應；有如「良知」與「天理」相應。[27]但不限於道德價值及其實踐。

4.純粹力動是恆常在動態中，恆常地現起流行，無所謂靜態或潛存狀態。它既是「體」也是「用」，沒有兩截的分法。[28]也就是純粹力動是恆時活轉，自強不息的、中道的、超越的心靈力量。它能超越絕對無與絕對有的背反或實體主義與非實體主義的背反，而使心靈不陷溺於相對的漩渦中。[29]因此，純粹力動也是能所、主客與心物等二元性的超越。[30]

5.純粹力動是體用的綜合，也是體用的超越。（體、用可廢棄）。[31]純粹力動是介於實體主義與非實體主義之間的活動。就性格言，較近於絕對無、佛教的空，（保有創生自身的活力、活動性與靈轉性，不受因凝聚而滯礙）；更是雙譴空、有的中道，具有清楚之「攝存有歸活動」的思維導向。[32]

---

[25]吳汝鈞，《純粹力動現象學》，頁54。

[26]吳汝鈞，《純粹力動現象學》，頁63。

[27]吳汝鈞，《純粹力動現象學》，頁118。

[28]吳汝鈞，《純粹力動現象學》，頁86-87。

[29]吳汝鈞，《純粹力動現象學》，頁90。

[30]吳汝鈞，《純粹力動現象學》，頁91-92。

[31]吳汝鈞，《純粹力動現象學》，頁85。

[32]吳汝鈞，《純粹力動現象學》，頁103。

綜觀吳汝鈞對於「純粹力動」的現象學界定，得力於熊十力秉承大易哲學「攝體歸用」的創造性與健動性，又輔助以佛家空慧與京都學派「絕對無」諸非實體主義之超越性與靈活性的規劃，確實能堪稱體用不二本體宇宙論的現代進階版本。其中思辨之精巧性，似乎無人能出其右。[33]然而，吳汝鈞自己亦已反省到其原先對於「氣」作為絕對媒介的重要地位的忽略，而加以探討，可惜其仍然停留在「氣化成物」的理解層次。[34]吾人若回頭審視原初朱子理學體用論所遺留的理氣二分與兩個層次之動力的難題，船山氣學對於本體宇宙論之道器不離與「太和之氣」之力動性的思想勝義，剛好可以在此提供給我們不少的思想啟發。筆者在探討王船山哲學之「理欲合一」與「人性生成論」之後，嘗試繼續深入探索船山氣學之本體宇宙論的哲學理論根基。

四、王船山《周易外傳》之論道器不離與本體之力動性

王夫之（船山，1619～1692）一生身受國破家亡之悲痛，以孤臣遺民之身姿出入於險阻與憂患之間，其生命於苦難中之能自勵卓絕，正源於其以前後四十年的心力持續投注於易學哲理之精研。筆者探索船山氣學的本體宇宙論之力動性相關議題，除了摘錄其《周易外傳》（1655）作為論述起點，更引述船山晚年《周易內傳》與《張子正蒙注》（1685）最後的哲學理論結晶之成熟觀點。

---

[33] 吳汝鈞對於本體之力動性的持續理論鋪陳，希望能兼顧有、無；實體與非實體主義兩端，其思辨之精巧性，也許只有西方現代生命哲學家柏格森（Henri Bergson, 1859～1941）創化論的「綿延」（duration）觀念或懷德海（Alfred N. Whitehead, 1861～1947）歷程哲學堪與比擬。限於篇幅未能申論。

[34] 吳汝鈞，《純粹力動現象學續篇》，臺北：臺灣商務印書館，2008，頁311-330。另參閱顏銘俊，《「力動」與「體用」—吳汝鈞「力動論」哲學與熊十力「體用論」哲學比較研究》，臺北：臺灣學生書局，2019，頁292。

㈠船山易學秉承「乾坤並建」、「道器不離」宗旨

　　首先，乾坤並建亦是王船山哲學的理論基礎。戴景賢教授（1951～）用「道器論」取代「體用論」來稱呼王船山的本體宇宙論，頗具哲學洞視。[35]因為王船山《周易外傳》如引文1.之論「道器不離」，實包括三個向度的「兩端而一致」思理架構，例如功能性的「性情相需」，時間性的「始終相成」，結構性的「體用相函」，非僅「體用論」所能涵蓋。其中引文2.所述「性情以動靜異幾」涉及宇宙人生之陰陽、喜怒與善惡的變化；「始終以循環異時」涉及季節氣候與歷史之時間性的循環；「體用以德業異跡」涉及實體之融貫及其功用的差異呈現。而引文3.「天下惟器而已矣」的宣稱亦是對於朱子理本論的修正，不外秉承「道器不離」、「攝體歸用」的體用不二理路，而其道器論的邏輯含攝範疇卻周遍融貫於天地人三才之道，非限於天道觀而已。王船山說：

　　1. 是故性情相需者也，始終相成者也，體用相函者也。性以發情，情以充性。始以肇終，終以集始。體以致用，用以備體。陽動而喜，陰動而怒，故曰性以發情。喜以獎善，怒以止惡，故曰情以充性。三時有待，春開必先，故曰始以肇終。（繫辭上傳第十一章，頁1023）
　　2. 性情以動靜異幾，始終以循環異時，體用以德業異跡，（繫辭上傳第十一章，頁1024）
　　3. 天下惟器而已矣。道者器之道，器者不可謂之道之器也。（繫辭上傳第十一章，頁1025）

---

[35]戴景賢，《王船山學術思想總綱與其道器論之發展（上編）》，沙田：香港中文大學出版社，2013，頁105。

㈡太虛本體生生力動不息，而有往來、合分、闔闢之幾

　　唐君毅先生（1909～1978）最早推崇船山哲學之主「乾坤並建」、宇宙人生歷史之日新而富有的變動觀與「絕對之動」、「絕對流行」的天道觀。[36]戴景賢精心詮解與建構船山五個思想階段的「動態主義」（dynamism）哲學之系統性及其基本預設。[37]船山《周易外傳》如引文4.論述太虛本體生生不息的力動性。船山強調健動不息是大道靈動的樞紐，是德性交感的戶牖。君子之勤修德行，亦效法天地高明厚實之均衡等觀、日月光明之生生運行不息。君子立於天地之間，可以仁心仁性展現生命健動的光輝。引文5.與引文6.船山宣稱太虛本體的本性即是健動靈活不息不滯地引導宇宙萬有的生命發展。船山用往／來（聚散）取代宇宙萬有的生滅，用合／分描述萬有的融貫與分殊，用闔／闢之凝聚或舒發說明萬物之川流屢遷，亦即宇宙萬物無窮盡的相反相成的變化與感通。

4. 則天下日動而君子日生，天下日生而君子日動。動者，道之樞，德之牖也。易以之與天地均其觀，與日月均其明，而君子以與易均其功業。故曰「天地之大德曰生。」離乎死之不動之謂也。（繫辭下傳第一章，頁1033）

5. 往來交動於太虛之中。太虛者，本動者也。動以入動，不息不滯。其來也，因而合之；其往也，因往而聽合。其往也，養與性仍弛乎人，以待命於理數；其來也，理數紹命，而使之不窮。其往也，渾淪而時合；其來也，因器而分施。（繫辭下傳第五章，頁1044-1045）

---

[36]唐君毅，《中國哲學原論——原性篇》，《唐君毅全集》卷13，，臺北：臺灣學生書局，2014，頁503。唐君毅，《中國哲學原論——原教篇》，《唐君毅全集》卷17，頁530。

[37]戴景賢，《王船山學術思想總綱與其道器論之發展（上編）》，頁106，337。

6. 闔有闢，闢有闔，故往不窮來，來不窮往。往不窮來，
   往乃不窮，川流之所以可屢遷而不停也；來不窮往，來
   乃不窮，百昌之所以可日榮而不匱也。故闔闢者疑相敵
   也，往來者疑相反也。（說卦傳，頁1081-1082）

　　然而太虛本體為什麼能生生力動不息，而體現出宇宙萬有之往來、合
分、闔闢諸般交互變化與感通的大動能？這就不得不追究到船山之論「陰
陽二氣」與「太和之氣」作為本體力動性之根源性的理論證成。

五、《周易內傳》論「陰陽二氣」與「太和之氣」

　　船山真正貫徹「理氣為一物」的融貫觀念，在《周易內傳》中，以
「陰陽二氣」與「太和之氣」的理論建構，剛好提供重要的理論突破可以
給熊十力與吳汝均所未能完全解決朱子理氣二元論的難題作為可能的解
方。其關鍵處在於船山所論「陰陽二氣」與「太和之氣」不再只是漢儒的
「元氣」、「精氣」或王廷相們所論形而下的「氣」。天主教輔仁大學前
校長羅光總主教（1911～2004）的學術志業，一生投注心力於會通士林哲
學與中國哲學以建構其生命哲學體系，對於船山的形上學亦發表專書闡揚
其奧義。羅主教精確地界定船山氣學的「氣」：

> 天地變化神祕莫測，不能祇是物質的變化，天地不是物質
> 的天地，而是陰陽兩氣，兩氣不是物質，而是化生萬物的
> 「力」。[38]

依此，用通貫形上形下，體用相含賅、心物一體的「生命力」（vitality）

---

[38] 羅光，《王船山形上學思想》，臺北縣：輔仁大學出版社，1993，頁6。

作爲船山「陰陽二氣」、「太和之氣」的表達最爲貼切。以下深論其詳。

船山在不同的脈絡中，用「陰陽二氣」（引言7）、「太和一氣」（引言11）或「太虛之氣」、「湛一之氣象」（引言13）來稱呼此宇宙大生命的恆常動態，既能整合爲一絪縕渾然整體，又可分化爲繁多萬有的生命力活動。陰陽二氣乃太和一氣之兩方面，絕非可被理解爲二元。如此一而二，二而一的氣化活動，乃是天／地、乾／坤、陽／陰之相反相成，並聚散於虛氣相即與萬類變通之間。其中關鍵處在於引言8所述：「乾元」作爲「清剛不息之動幾」有如前文唐君毅之謂「絕對之動」貫通於宇宙萬有變化感通之「相對之動」（群動）之始而非之上，而不失其爲一元論。

7. 陰陽二氣絪縕於宇宙，融結於萬彙，不相離，不相勝，無有陽而無陰、有陰而無陽，無有地而無天、有天而無地。故周易並建乾坤爲諸卦之統宗，不孤立也。然陽有獨運之神，陰有自立之體；天入地中，地函天化，而抑各效其功能。[39]

8. 唯乾之元，統萬化而資以始，則物類雖繁，人事雖賾，無非以清剛不息之動幾貫乎群動，則其始之者即所以行乎萬變而通者也。[40]

六、《張子正蒙注》論陰陽動感與「神化之妙」

基於對於張橫渠易學與氣學的融攝，船山《張子正蒙注》之論宇宙萬有之氣化流行，透過陰陽二氣之動感，亦開展其形而上的體證「神與氣

---

[39] 王夫之，《周易內傳》，卷一上，〈坤卦〉，《船山全書》第1冊，長沙：嶽麓書社，2011，頁74-75。

[40] 王夫之，《周易內傳》，卷一上，〈坤卦〉，《船山全書》第1冊，頁68。

和」與「神化一體」之妙與「至誠存神」的超越向度。

㈠太和一氣，絪縕本體

船山對於太虛本體的闡釋，如引文9.更喜用「絪縕」來凸顯「太和之氣」的渾淪和諧的平衡狀態與流動洋溢之動態。陰陽兩大勢用或動或靜、因時乘位而相反相成，互相摩盪過程，以氣化升降交感，變動分化而形成宇宙萬彙之繁富。再者，船山亦正面對體用之可能殊絕情境，如引文10.指出陰陽氣化所成之萬象不免落入於凝滯之態，而與湛虛之清氣有所差異而相隔絕。如此即不免掉入體用或心物的二元論窠臼而無法自拔矣！

> 9. 太虛即氣，絪縕之本體。陰陽合於太和，雖其實氣也，而未可名之爲氣、其升降飛揚，莫之爲而爲萬物之資始者，於此言之則謂之天。……氣化者，氣之化也，陰陽具於太虛絪縕之中，其一陰一陽，或動或靜，相與摩盪，乘其時位以著其功能。[41]
> 10. 言太和絪縕爲太虛，以有體無形之性，可以資廣生大而無所倚，道之本體也。二氣之動，交感而生，凝滯而成物我之萬象，雖即太和不容已之用，而與本體之虛湛異矣。[42]

㈡陰陽相感，必動之幾

所幸船山延續其一貫動態主義哲學的邏輯理路，同其論人性生成論的邏輯。如引文11.所述：天道絪縕太和之氣，不僅因陰陽相互摩盪而凝聚生成萬有，更有其相反的虛靈不凝滯的向上超越的向度，亦即合一不可測

---

[41] 王夫之，《張子正蒙注》，〈太和篇〉，《船山全書》第12冊，頁33。
[42] 王夫之，《張子正蒙注》，〈太和篇〉，《船山全書》第12冊，頁40。

度的神妙向度。正如引文12.所述：陰陽二氣剛柔並濟，闔闢有時，具有
其升降飛揚之動機，不僅可實現凝聚生成萬有之創生動能，形成廣大宇宙
物理世界；更且能含藏太虛流動洋溢之無窮盡機遇，以致能如引文13.所
述：若人能凝然靜存，脫離物化凝滯之束縛，例如物欲與我執之脅制，以
及塵俗生活之侷限，即能恆時保持與太虛之氣清靈相感通之湛一氣象，亦
即聖人與道冥合之天人合一理想境界，也就是超越的神聖精神世界。

11. 絪縕太和，合於一氣，而陰陽之體具於中矣。神者，不
　　可測也，不滯則虛，善變則靈。太和之氣，於陰而在，
　　於陽而在。[43]
12. 升降飛揚，乃二氣和合之動幾，雖陰陽未形，而已全具
　　殊質矣。「生物以息相吹」之說，非也，此乃太虛流動
　　洋溢，非僅生物之息也。[44]
13. 太虛之氣，無同無異，妙合而爲一。人之所受即此氣
　　也。故其爲體，湛定而合一。湛則物無可撓，一則無不
　　可受。學者苟能凝然靜存，則湛一之氣象自見。[45]

(三)神與氣和，神化之妙，至誠存神

　　船山論「氣」通貫形上形下之道，亦即是找到了徹上徹下、即理即
氣、體用不二、心物合一的生命活動力。有如現代人所論宇宙人生不外一
質能互通之大能量。就船山而言，如引言14.所言：此生命能量不只是物理
性或生理性，甚至可上看心靈的超越層面（神妙）。而「神與氣和」與
「神爲氣使」則是向上提升或向下沉淪的兩個趨向。當然，在此船山之論

[43] 王夫之，《張子正蒙注》，〈參兩篇〉，《船山全書》第12冊，頁46-47。
[44] 王夫之，《張子正蒙注》，〈太和篇〉，《船山全書》第12冊，頁27。
[45] 王夫之，《張子正蒙注》，〈誠明篇〉，《船山全書》第12冊，頁123。

「神」亦不宜簡單看成人格神或至上神的宗教涵義，但亦可由此蘊含人性嚮往神聖或奧祕等超越境界之可能性與開放性。

早在張載（橫渠，1020～1077）之《正蒙》闡發易學原理之本體宇宙論，即有「虛氣相即」、「神化一體」之說。所謂「神」指：萬物「合一不測」氣散回歸太虛之妙；所謂「化」指：太虛「推行有漸」氣聚生成萬物之實。橫渠論本體宇宙乃氣之聚散般清虛一大的循環，當然不只是朱子所批判的大輪迴，但仍不免有其自然機械式的確定形式。船山所論「氣」則兼具陰／陽、乾／坤之德與能的生命活力之一元性，並保留某種不確定的可能性，因此能通貫而不被侷限於宇宙人生之形質、心靈與神化的既有框架。船山之論天道之實有，正如引言15.所述：天道至誠，恆保存其乾坤剛柔健順之德能。而聖人修養仁道以合天道，亦當充實日新富有與柔和包容之健順德能，並能恆存不測之神妙以御萬有氣化流行之全體大用。聖德參與於太和之氣，亦即與乾坤陰陽二氣相感通而合為神化一體，達致無一人之遺、無一物之失的境界。

14. 太和之中，有氣有神，神者非他，二氣清通之理也。不可象者即在象中。陰與陽和，神與氣和，是謂太和。人生而物感交，氣逐於物，役氣而遺神，神為氣使而迷其健順之性，非其生生之本然也。[46]

15. 至誠，實有天道之謂也。大者，充實於內，化之本也。惟其健順之德，凝五常而無間，合二氣之闔闢，備之無遺，存之不失，故因天地之時，與之同流。有實體則有實用，化之所以感通也。陰陽合為一德，不測之神也。存神以馭氣，則誠至而聖德成矣。[47]

---

[46] 王夫之，《張子正蒙注》，〈太和篇〉，《船山全書》第12冊，頁16。

[47] 王夫之，《周易內傳》，卷一上，〈說卦〉，《船山全書》第1冊，頁82。

七、結論

朱子理學「理一分殊」的易學原理，落入理氣二元論的困境，歷經王陽明、羅欽順與王廷相的種種努力，終究未能克服。現代新儒學熊十力的《體用論》源自於大易哲學的健有力動思想，穿過佛教空、有二宗義理，掌握了本體宇宙論中，「體用不二，闢翕成變」之宇宙大生命的創生、健有精神。然而，熊十力之論體用之分（無限與有限、絕對與相對、渾全與分化）如何能不二，只能以「大海水與眾漚」為譬喻說明，未能進行有效合理性之理論闡釋；《乾坤衍》又畫蛇添足地論本體的複雜性與矛盾性，喪失了本體的純粹性與超越性；最後，可惜地對於其所提及之「氣」的理解與詮釋，侷限於近似先秦漢儒之「元氣」觀念的理解。

吳汝鈞之論「純粹力動現象學」承繼了熊十力「體用不二，闢翕成變」的理論效果，嘗試用「純粹力動」的一元性來消解本體與現象二分的理論詮釋侷限。可惜他為了提升「純粹力動」之空靈性與超越性，能不被宇宙萬象之質有所滯礙，而援引佛教天臺宗智顗法師的「空」和京都學派西田幾多郎的「絕對無」，進行觀念理論體系的融合，而其理論構思成果，又過於向非實體主義的理解傾斜，以及對於「氣」作為絕對媒介的理解層次與深度有所欠缺。

於是筆者嘗試回到王船山源自於易學「道器不離」、「體用相函」與詮解橫渠學之論「太和之氣」、「湛一之氣」、「神化一體」，以及援引羅光總主教所論「氣」是貫通形上形下的生命力（vitality）之全體大用之學，可以承繼熊十力「體用不二，闢翕成變」的創生、健有精神；又含攝吳汝鈞之論「純粹力動」之一元性與超越性，由建構含藏萬有之宇宙大生命之力動性，以真正成全體用不二、心物合一、神化一體、至誠存神之本體宇宙論理論根基。

參考文獻

宋・朱熹，《朱文公文集》，《朱子全書》第22冊，朱杰人等編，上海：上海古籍出版社，2010。

宋・朱熹，《朱子語類》，《朱子全書》第17冊，朱杰人等編，上海：上海古籍出版社，2010。

明・王夫之，《周易內傳》，《船山全書》第1冊，長沙：嶽麓書社，2011。

明・王夫之，《周易外傳》，《船山全書》第1冊，長沙：嶽麓書社，2011。

明・王夫之，《張子正蒙注》，《船山全書》第12冊，長沙：嶽麓書社，2011。

田豐，《王船山體用思想研究》，北京：中國人民出版社，2020。

朱伯崑，《易學哲學史》，臺北：蘭燈文化出版有限公司，1991。

牟宗三，《現象與物自身》，《牟宗三先生全集》第21冊，臺北：聯經出版公司，2003。

吳汝鈞，《純粹力動現象學》，臺北：臺灣商務印書館，2005。

林世榮，《熊十力與「體用不二」論》，臺北：萬卷樓出版有限公司，2008。

唐君毅，《中國哲學原論——原教篇》，《唐君毅全集》卷17，臺北：臺灣學生書局，2014。

陳祺助，《文返璞而厚質——王船山「道德的形上學」系統之建構（上、下）》，臺北：元華文創，2018。

曾春海，《王船山易學闡微》，臺北：花木蘭出版社，2009。

熊十力，《乾坤衍》，臺北：臺灣學生書局，1987。

熊十力，《體用論》，臺北：臺灣學生書局，1987。

鄧克銘，《明儒羅欽順研究》，臺北：里仁書局，2010。

戴景賢，《王船山學術思想總綱與其道器論之發展（上、下）》，沙田：香港中文大學出版社，2013。

顏銘俊，《「力動」與「體用」—吳汝鈞「力動論」哲學與熊十力「體用論」哲學比較研究》，臺北：臺灣學生書局，2019。

羅光，《王船山形上學思想》，臺北：輔仁大學出版社，1993。

羅光，《儒家生命哲學》，臺北：臺灣學生書局，1995。

陳來，〈王船山《正蒙注》的絪縕神化論〉，載入《東西哲學與本體詮釋—成中英先生七十壽誕論文集》，臺北：康德出版社，2005。

陳祺助，〈王船山論本體「純然一氣」下的氣之「體」、「用」關係及其涵義〉，《興大人文學報》39(2007): 45-78。

陳祺助，〈王船山「乾坤並建」理論的基本內容及其天道論涵義〉，《鵝湖月刊》30.11(2005): 22-31。

多瑪斯實在論於教育哲學中的應用

黃鼎元

輔仁大學教育領導與發展研究所暨全人教育課程中心助理教授

摘要

　　實在論的理論教育哲學中眾多理論的其中之一，其肯定人的認識能力以及世界的確實存在。然而實在論教育哲學範圍極廣，以致研究教育哲學的學者們在選取代表人物或對象時必須取捨。在此情況下，Thomas Aquinas實在論對教育哲學的重要性有時會被略過未提或過於簡單的一筆帶過。為此，本文將討論實在論教育哲學的基本概念，並以Thomas Aquinas的理論為討論對象，說明其理論在教育哲學中能夠如何被應用。為此，我們將依序討論教育哲學實在論的基礎理論與主張、實在論教育哲學對世界的理解與認識、Thomas Aquinas關於認識過程以及對世界原理之肯定如何應用於當代教育的場域。

一、前言

　　實在論對教育哲學而言是重要發展脈絡的其中一支。就教育哲學的角度來說，一位教師接受（或秉持）如何的教育哲學，他將會以這樣的立場為其教學活動設計的理念及觀點，從而影響他對於教育、學校乃至學生的觀點及態度。而實在論作為教育哲學思想的一種主張，其對世界的肯定與理解是基礎教育的預設：所有孩童的學習均需要從肯定眼前事物作為出發的基礎。實在論的教育哲學對於世界具有其肯定性，而在其發展的歷程中卻因涉及人物廣泛，致使在討論中某些與實在論發展相關或具有重要代表

性的哲學家因故被略過不提：其中一位即爲Thomas Aquinas。可能基於我們對中世紀哲學不一定理解或明瞭，Thomas Aquinas雖然承繼自Aristotle以來以經驗爲知識起源之基礎的學說，但在討論實在論立場時卻不一定會被提及。然而有關他對於人認知結構的討論對當代教育哲學仍有其重要值得參考借鏡之處。爲此，本論文將討論Thomas Aquinas及其實在論在教育哲學中能有如何的應用？我們首先將針對教育哲學實在論的立場提出說明，之後說明實在論教育哲學對世界的理解與認識，最後將說明Thomas Aquinas關於認識過程以及對世界原理之肯定對當代教育知識問題的應用與回應。在討論之前應說明：雖然Realism一詞有許多不同的翻譯名稱，包括實在主義、實在論或唯實論（者）等，本文在此統一將此名詞譯爲「實在論」。

二、實在論與教育哲學中的實在論

實在論的立場在教育哲學中通常被歸類在傳統哲學與教育的關連內，並被似乎放置於與當代教育哲學理論立場不同的面向內。實在論的基本論點，特別是其對於認識能力與世界的描述，是教育中首先可以被注意到的內容。

㈠對實在論的理解

實在論並非一個容易被解釋的字詞。Alexander Miller在爲《史丹福哲學百科全書》網路版撰寫條目Realism時指出：這個字詞關涉大量多種不同的議題，從哲學領域乃至與其所屬相關的日常生活均被包括其中。因此，任何對該字詞的簡短描述都無法滿足因實在論立場所引出之實在論者——非實在論者（realist——non-realist）間的爭議與討論。[1]國內學者如張芬芬在解釋此一字詞時則認爲，字詞雖然意義上有所出入，但主要表

---

[1]　Alexander Miller, "Realism", Stanford Encyclopedia of Philosophy (2019). From: https://plato.stanford.edu/entries/realism/. (2023/03/01)

達的還是對普遍概念（universal concept）之性質及認識主體與客體間關係的看法，並以本體論與認識論為主要討論問題。張芬芬在解釋時也提出多種與該字詞意義相關的哲學史脈絡：包括中世紀思維與存在間之論戰，理性主義、經驗主義以及觀念論間的討論；二十世紀後所出現對實在論的反對及從此論點衍伸而出的批判實在論（critical realism）。[2]上述所強調對普遍概念性質的討論、認識主體與客體間關係的論點，可以連結到形上學對存在的描述。例如，張振東在《教育哲學的基本概念》中提及教育關係時指出：教育關係的存在是一種潛能到實現，以及透過理性獲得知識從而自無知乃至有知的過程。這些對教育關係的認識與觀念，他在書後透過對實有學概念的分析，進一步說明其形上學的意涵與內容。[3]

　　如同Miller所提，實在論是個同時涉及大量主題與面向的字詞，以致我們若要研究這一字詞時將發現到：在字詞使用上可能因為被認為是「大家都知道的」名詞，所以於導論性作品內被使用的如此理所當然。例如Nathan Smith在著作中雖然將實在論與非實在論放在形上學的脈絡下討論，不過形上學的脈絡是被放在價值理論（Value Theory）的章節內討論。在提到道德價值的實在論與非實在論立場時，他提到不同類型道德推理間最主要的區別是實在論與非實在論的差別：實在論者認為道德具有現實基礎，所以價值或道德需要客觀架構的基礎討論，而不只是種主觀態度；但非實在論者認為倫理價值主要依賴個人期望或信念而成立。[4]Smith的問題並非對字詞不恰當理解，而是前文後理內未對Realism這個字詞提出更基礎的定義，彷彿讀者對其已有共識一般。

---

[2] 張芬芬，〈實在論〉，《國家教育研究院樂詞網》，2021年。網址：https://terms.naer.edu.tw/detail/b030c5649ea74bc257156b5243212bc8/?startswith=zh. (2023/03/01)

[3] 張振東，《教育哲學的基本概念》，臺北：問學出版社，1982，頁16-17。該書以實在論為教育哲學的基礎，故之後在第二章〈實有學的基本概念〉中，張振東將於第一章所提之在論基礎概論性說明。

[4] Nathan Smith, Introduction to Philosophy (Houston: Rice University, 2022), p.245.

　　如果實在論一詞如我們所注意到，意涵龐雜且使用者可以在某面向上是實在論立場，卻在另一方面卻持非實在論主張，那麼我們應該如何理解實在論？我們在此先以Miller於詞目中所提之公式描述作爲基礎，並以其爲實在論的定義內容。根據Miller所稱爲一般實在論（Generic Realism）的描述公式，我們可定義實在論如下：

> a, b, c以及這些存在，還有關於它們存在的事實及具有如
> 同屬F的性質、屬G的性質、以及屬H的性質（除那些日
> 常生活中有時所遇世俗經驗的依賴）都獨立於任何人的信
> 念、語言陳述、概念圖式等。[5]

(二)教育哲學中的實在論觀點

　　透過上述不同實在論的定義方式，我們可以說「實在論」一詞內涵承載著龐大的意義系統。將實在論放入教育哲學的脈絡下討論則又是另一個既古典又淵遠流長的理論面向。若非限定教育哲學的議題與時段，教育哲學的討論難以避開實在論的面向。以下我們引著作爲例，說明學者討論教育哲學中實在論常用的方式：

1. 對實在論整理理論的歸納與描述：有些學者，如G. R. Knight，描述實在論教育哲學的方式採取濃縮後描述結論之方式進行。在其著作《哲學與教育：基督教觀點》（*Philosophy of Education: An Introduction in Christian Perspective*）中總結爲：實在論首先主張學生是多功能個體，可以透過感官經驗而與「實體」接觸，因爲世界就是在那兒。實在論的課程設計，根據其與形上學、知識論相呼應，應當強調物理世界的學科

5　同註1。"a, b, and c and so on exist, and the fact that they exist and have properties such as F-ness, G-ness, and H-ness is (apart from mundane empirical dependencies of the sort sometimes encountered in everyday life) independent of anyone's beliefs, linguistic practices, conceptual schemes, and so on."

內容——因爲科學反映自然律。爲此，學校被認爲應該要傳遞被實徵科學驗證的知識，並提供具有基本意義的基本架構，以利學生快速學習。Knight以士林哲學／新士林哲學爲範例，說明實在論在形上學、知識論以及價值論方面，理性具有的功能，以及對世界究竟如何理解？實在論既主張學生具有理性，也認爲實在論脈絡下教育哲學應當強調心智能力的發展。除心智能力以及理性發展的面向，老師也應當注重對學生精神層面的引導。可能基於Knight本人的神職身分，他提出實在論的教育應當兼顧信仰層面，以具有內在邏輯性的學科內容來達成教育目標，且應該強化數學、拉丁文或語言能力。Knight另外提到部分學者對此理論保守態度的反對，因爲這些學者相信，實在論／新士林哲學是以十三世紀世界觀來看當代社會發展。[6]

2. 以實在論發展歷程爲主的討論：學者另也從歷史發展脈絡讓實在論將自身呈現出來。例如，葉彥宏在《圖解教育哲學》中爲教育哲學實在論發展提出歷程——起始於Aristotle，後經歷Francis Bacon、Rene Descartes、John Locke、David Hume逐步獲得發展。之後再和教育專業結合後發展出John Milton爲代表的人文實在論、以Michel de Montaigne爲代表的社會實在論、以及以Johann Amos Comenius爲代表的感覺實在論。其主張實在論能與十六至十七世紀方興未艾的科學發展結合，強調教育在其中可發展的原則。這種開展在當代的教育活動代表可以由Adler於一九三〇年代主導的「派代亞計畫」（Paideia Proposal）爲代表，其預設人類在不排除個體差異的前提下擁有共同本質，這些本質同時包括人文主義中自然與超自然、理性與信仰等不同的層面。此呈現方式之優點在能透過哲學史引出實在論之面貌，但在哲學史淵遠流長的討論中可能顧此失彼。[7]

---

[6] G. R. Knight著，《哲學與教育：基督教觀點》，簡成熙譯，臺北：五南書局，2018，頁54-65。
[7] 葉彥宏，《圖解教育哲學》，臺北：五南書局，2019，第六章。

3.結合上述兩者所建構對實在論的論述：應一種可能是同時兼顧理論與歷史脈絡。例如，詹棟樑（1999）在討論實在論時首先分類：

　(1)古典實在論（指Aristotle的實在論，並認為其理論主要依據潛能與實現，以及四因說來理解世界及物質）。

　(2)宗教實在論（此指Thomas Aquinas，除說明其承繼Aristotle外並對Thomas Aquinas加以簡述）。

　(3)現代實在論（指科學發展之後的實在論立場，並以Francis Bacon及John Locke為代表人物）——與古典相對為新實在論（neorealism）。

　　然而不論古典或創新，對於知識、真理以及與科學學科間的綜合都具有相似之處，因為這個世界就實在論而言為實存者，所以能夠被理解與認識。[8]

三、對世界的理解

　　上述三本不同的教育哲學著作均討論實在論，雖然討論方式有別，實在論教育哲學仍具有可被辨識之共通性。特別在認知能力以及世界的可被理解性方面，實在論保持正面肯定的態度。

㈠世界作為一個可被理解的對象

　　世界實存與理解能力間的關係在實在論內受到肯定。在教育哲學討論中，實在論對存在的理解與形上學討論面向彼此相連。以葉學志為例，在討論實在論時，他從哲學問題與教育兩面向討論實在論立場。他分別從形上學、知識論以及倫理學範疇討論實在論論點，並認為實在論主張宇宙具客觀存在。實在論在知識論部分被他歸納為三個基本論點：[9]

1.宇宙中有許多客觀真實存在，獨立於人類的意見。

2.人類具有認知能力，能發現客觀事物存在的本質。

8　詹棟樑，《教育哲學》，臺北：五南圖書出版，1999，第六章。

9　葉學志，《教育哲學》，臺北：三民書局，1993，頁69。

3.這種認知宇宙中事物的知識，有助於人類適應與發展。

在此前提，葉學志歸納實在論知識理論為──知識是發現事物本質以適應環境的經驗，因為與環境相關所以知識主要來源是經驗且客觀的。因為知識是客觀的，所以知識具有永恆與普遍性。由於具有永恆性與普遍性，所以真正的知識能符合真理。因為世界真實在那，作為主體的認識對象，其知識是透過被動吸收而獲得。從關於知識立場進行推論，實在論關於學生如何學習與教師扮演作用就清晰明瞭，這點可以從Nuroh等人給予實在論的共通描述中看到；在認知能力方面，認為主體的對象真實實存，且認知對象作為客體確實給予主體所需要的感官影響；[10]就知識論的角度來說，實在論認為理性是人類能力中對應於自然對象的一種，主體認識受客體影響（甚至決定）；從形上學角度來說，實在論相信外在世界獨立實存而不依賴主體存在。兩者結合的結果是──個人知識乃通過感覺與抽象作用獲得，且個人可以體會察覺具絕對性、永恆性且普世遵守的價值及自然法則。

㈡實在論作為一種實際的教育應用

若世界的存在是一種可被理解的實存對象，那麼Nuroh等人根據他們對於實在論的描述指出：教師的工作是督促學生學習的角色。整個教育的作用是一種透過研究或是學術的開展，從而獲得定義與分類的方式。當教師督促著學生前往理解知識的內容時，教師首先從基本思維訓練的給予作為教育的起點，而後放手讓學生練習他們所獲得的教材與資料。實作具有特殊教育功能，可以讓學生更為有效地操作與理解知識的內容。[11]

實在論在教育哲學中所具有的實作面向不僅限於西方世界，因為實

---

[10] E. Z. Nuroh, F. D. Kurnia, and A. Mustofa, "Realism Education Perspective", Education and Human Development Journal 5-1(2020): 43-52. From: https://www.academia.edu/65903281/Realism_in_Education_Perspective?from_sitemaps=true&version=2.

[11] 同註10, p.49.

在論認為人具有理性這一普遍性質，所以具有相同運作思維。例如，印度阿達瑪斯大學（Adamas University）的Sanjoy Dutta認為，實在論教育哲學能提供教育所需的光明智慧好使教育不論在原則或實踐上產生變化，且實在論教育哲學在印度早從吠陀時代就已被宣揚。Real既指實際存在者，亦可透過人類感官認知世界真貌，所以舉凡現實教育中課程、教學方法、學科、教育目的等方面均受實在論影響。他引用John Franklin Bobbitt（1876～1956）的建議，列舉包括語言與社交在內十項透過實在論可讓學習者預備好幸福成功的生活，主張實在論可幫助學生為現實生活做好準備。Sanjoy Dutta另外提出教育準備方面的十六項建議，除透過感官獲得所需知識外，實在論不論教學方式或目的均在為學生面對實際生活做好準備，因此要從個別透過歸納推導至一般普遍知識，從經驗中進行教育，必要時進行實地考察以利學生可以將知識與實際生活加以連結。為能達成此一教學目標，實在論鼓勵教師接受培訓，理解學生心理以便提供合適教育方式，包括課程的道德和宗教教育。[12]

㈢被低估的實在論

實在論作為一種對世界理解與描述的方式，其不只是對世界有所認識，而是可被落實於生活中的特性，此點我們在前面已經描述說明。實在論在教育中的實踐與生活中之倫理產生關連。因為實在論的目的在督促學習者能透過對現實世界的理解解決生活中的各種問題，最終走上以幸福乃至至福為目標的人生──這可以以Thomas Aquinas《駁異大全》（*Summa Contra Gentiles*）卷三的結構為例。該卷透過肯定、否定乃至超越之途說明人的幸福究竟何在。該書卷三2～63章呈現出雙重肯定、否定乃至超越之途，整個脈絡討論何為幸福；37～63章則在超越之途的討論中再一次依

---

[12]Sanjoy Dutta, "The Relevance of Realism in the Field of Education: A Philosophical Discourse", Net of Adamas University, 2020. From: https://adamasuniversity.ac.in/the-relevance-of-realism-in-the-field-of-education-a-philosophical-discourse/

據肯定、否定乃至超越之途討論唯有默觀（contemplation）是人在此世中所能得到的最高幸福。[13]

　　雖然Thomas Aquinas以知識的角度討論默觀，但卻又不僅是在知識論的角度下討論，因爲其尚包括生活中的實踐。提出這種主張的學者可以Ralph McInerny爲代表。[14]簡言之，Thomas Aquinas將人的終極幸福放在神聖實體那邊，這種推論改變Aristotle倫理學的討論。然而一個人不只是朝向善，更是朝向善的自身前進。眞正在本質上爲善的只有神，且只有神能夠使善的理性完美。爲此，只有神能是人的終極目的。這意謂著理智既具有抉擇的可能，那麼默觀所帶有之倫理學意義即可不言而喻。換言之，實踐需要選擇，且需要具體實現。[15]

　　從Thomas Aquinas的角度而論，實在論一方面與我們的生活（個人人生）有密切關連，另一方面卻也成爲一個被低估了的範例。然而，眞正的問題可能不是誰支持或被歸類在實在論教育哲學的範疇而已，因爲實在論教育哲學所預設的基礎，諸如經驗中的學習、世界存在等，爲幼兒教育乃至基礎教育的根據。我們很難設想有教師會提出一種教育方式，告訴自己的學生世界並不存在，所有一切都是我們所幻想出來的建構（這種景況通常僅出現在科幻電影中）。或許因爲實在論的素樸性質使其在哲學歷史上容易被低估，並在這樣的情況下開展出不同面向，包括實在論與非實在論者的爭論、新實在論的產出、批判的實在論乃至建構主義的產生等。[16]

---

[13]黃鼎元，《知識論》，臺北：五南圖書出版，2019，頁318-319。另參黃鼎元，《圖解知識論》，臺北：五南圖書出版，2021，頁256-263。

[14]參Ralph, McInerny. The Question of Christian Ethics (Washington, D.C.: The Catholic University of America Press, 1990).

[15]同註13，頁330-333。

[16]同註1。

四、以Thomas Aquinas回應所教為何的問題

　　實在論的被低估可以以Thomas Aquinas對人類認知的討論為例：他在實在論的諸多討論中常是一個易被輕視或忽略的環節。但若我們重新回到其理論中，有兩件事情或許可以作為多瑪斯哲學對於實在論教育哲學的回應：一個是認知上的理解能力，另一個則是抽象作用與對是世界背後理解的基本原理。在提及回應之前，我們需要先說明教育內有關知識的問題。

㈠教育內的知識論難題

　　有關教育內知識難題，其範圍將從教育哲學橫跨至教育社會學，因為教育哲學乃至教育社會學中，何為「知識」與實際教育及教學活動密切相關。例如彭孟堯提到，教育的歷程是學習知識與獲得真理的歷程，所以我們需要討論知識與真理的性質，從而判斷哪些應納入課程中。[17]不論教育哲學乃至教育社會學，對於知識為何或是知識如何產生的問題一向存在；哲學思維在知識論的討論也不例外。Jack Lyons在討論知覺認識上的困難時提到，有一種名為「直觀實在論」（directive realism）透過意象與語意分析之方式來捍衛自身實在論的立場。[18]但基於直觀實在論可能面對在推論上造成的體驗間接化，近年來直觀實在論逐步修正為主張我們的知覺是由主體與外在客體間某種關係狀態所構成，且此構成並非由我們內在某物做為媒介。另一方面，分離主義（disjunctivism）被認為是新型態的直觀實在論外，包括某些形式上的行為主義或功能主義也被認為具有直觀實在論的立場。這些關於實在論（或更大範圍關於教育上對知識觀點之論述）的討論，我們可以以R. Moore所提「知識論的困境」（epistemological dilemma）這一問題作為範例。

　　R. Moore所提「知識論的困境」是指當代教育領域在討論知識建構與

---

[17]彭孟堯，《教育哲學》，臺北：學富文化事業，2003年，頁108。

[18]Jack Lyons, "Epistemological Problems of Perception", Stanford Encyclopedia of Philosophy (2016). From: https://plato.stanford.edu/entries/perception-episprob/#DireReal.

來源時，僅能在建構主義（或相對主義）與實證主義間二選一的困境。[19]
後者無法有效處理知識的社會建構層面，前者則過度去除知識的客觀性。
R. Moore認為此問題最終形式為「知識論雖已體認到知識是社會的，但
難以接受它無法以一種客觀形勢出現的論點。」[20]，為解決此一問題，R.
Moore透過實在論導入之方式，凸顯建構主義與實證主義實對知識描述
之一體兩面。因為：

> ……它關照的是知識生產的長期集體性關係，而非主體
> 性。在這方面，實在論對於知識論困境的解決方式重塑了
> 教育社會學中有關知識論辯的場域，並且提供課程及教育
> 社會學新的思考方式。[21]

　　Moore所建議透過實在論理解知識來源的建議，是基於所教內容與所
信內容等同的前提。透過邏輯分析，Moore認為知識論範疇關切為可以信
以為真的信念、事實上為真的信念，以及可以獲得證成為真的信念。[22]進
一步來說，我們可以確定某些固定知識內容（或與之相反不論如何認為知
識就是社會與歲月的產物，如此而已），而對於更深層關於知識本質與如
何形成的問題則可透過對Thomas Aquinas理論應用加以回應，此即為上文
所提的兩個回應。

---

[19]R. Moore著，王瑞賢等譯，《教育社會學》，臺北：學富文化事業，2008年，頁180-183。另參他
　　與Michael Young所合撰之論文。R. Moore & Michael Young, "Knowledge and the Curriculum in the
　　Sociology of Education: Towards a reconceptualisation", British Journal of Sociology of Education 22
　　(British: Taylor & Francis Ltd, 2001), pp.445-461.

[20]同註19，頁181。

[21]同註19，頁182。

[22]同註19，頁191-192。

㈡回應一：對認知能力的理解

　　首先關於認知能力的掌握，Thomas Aquimas承繼從Aristotle以來的論點，即「知識起源於感官經驗」的主張。從Aristotle以來，人類的感官既有外五感又有內四感，透過經驗獲得所需要的基本能力。且人心靈如同白板（tabula rasa），對世界的一切認識均起源於感官知覺對外在世界產生經驗，爾後理智才能透過感官知覺所得感覺與料（sense data）抽象而得事物觀念。為此經驗指人因為感官接觸外界而產生之感應。從哲學史的角度來看，Aristotle採用與Plato不同的知識起源。就人的認識角度來看，若沒有感官經驗，人無法認識外在世界，也不可能擁有理解作用。為此，從感官所得來的知識最為直接明瞭以及可靠。為此，在Thoams Aquinas那裡感官與經驗的意義為：[23]

1. 認為人可以透過經驗來學習外在世界的種種，此是就人自身的能力而言，這也表示人類並無先天知識。這意味我們所有對外在世界的認識均來自感官能力，除此以外別無他法。

2. 認為人類的知識得以透過經驗而建立，就此而言經驗可以再區分為人自身的內在結構與對外在連繫的外在結構——雖然內、外結構不同卻彼此關連。

　　實在論的討論雖然肯定了認識能力，但對於「何為認識」或「如何認識」的問題有時卻忽略其重要性。然而，認識的過程與能力對實在論是重要的，尤其是現代的教育場域。以目前大專院校學生來看，其屬數位原民Z世代（Generation Z）。對Z世代來說，虛擬與真實之間區隔有時不容易區分。除區分問題，作為現場實際經驗以及坐在教室與電腦前面去理解是不同的事情。Thomas Aquinas對於感官與經驗的掌握，其作為認知能力的起點，對數位化世代的教育能夠起到提醒作用。

　　即便是與信仰相連結的認知觀點，如光照理論（illumination）也對

------

[23]同註13，頁193。

學生的學習具有提醒的價值。Jānis T. Ozoliņš（2021）在反思疫情期間線上學習時將學習與光照理論結合，指出光照理論從Plato、Augustine of Hippo乃至Thomas Aquinas時，因爲Aristotle著作翻譯曾經遇到批判，但在Thomas Aquinas那裡，理智能力與光照理論是並存的，神給人推論的理性來認識眼前的世界，但若人想要對超越於感官之（神聖）存在有所理解就必須要有光照的幫助。人本性中所存在的理性確實能夠根據感官的特定方式獲得感官所需要的眞理，其前提爲1.可理解的種符合被理解的事物，以及2.可理解的種與理智完美地結合在一起，且隨著理智在理解方面的強化，理智的實現更加充分。我們認識世界的感官能力與理智相關，在此部分尚不需要神聖光照的幫助。但更進一步，神聖光照並不與自然理性認識彼此矛盾。Ozoliņš認爲Thomas Aquinas將光照區分爲兩種形式：一種爲我們已經提到的自然理性之光，另一種則是超自然的光照。超自然光照的作用在幫助人類理解超自然的實存以及個人的終極命運。[24]

㈢回應二：對基本原理的肯定

現在問題是：前述理論內容可能會被認爲是過時的討論。強調眞假辨別或許符合網路世代的需求，但光照理論難道不是一種幻想的內容嗎？Ozoliņš認爲光照理論對現代的重要性在於其可以回應知識本質的問題。[25]就Thomas Aquinas的理論來看，世界的存在具有基本原理，而對基本原理的肯定來自於抽象作用對人的重要性。從Aristotle以來，理智所具有的抽象作用被認爲是人理智所特有的功能之一。而就認知上的理解來說，人可以理解自己的認知及可能性，所以可以不限制自身對世界的理解與抽象能力。這個過程與面對一個認爲知識具有虛假性質的世界有關。

就社會符號學的成立來看，知識作爲一種符號，其在社會背後存在

---

[24] Jānis T. Ozoliņš , "Aquinas, education and the theory of illumination", Educational Philosophy and Theory 53 (2022): 967-971.

[25] 同註24, p.967.

著特定的思維。社會符號學觀察並思考其背後的原理如何透過廣義的符號加以呈現。但在社會符號學的運作中，知識真不需要與世界或狀態符應，而是在一定模態中為眾人所相信。知識被建立與社會公眾產生關連性，且是基於模態（modality）所產出。[26]在社會符號學所認知的模態下，「真實——現實」的關係是符號活動在社會中的相對關係和位置，並非符應說所接受的名實相符。所以符號操作是對這些進行檢測、重新肯定、改頭換面的手段。因此，無論是在對穩定性中的肯定中還是對權力的堅持中，無論是在符號體系的再生產中還是對哪一體系的挑戰中，權力問題始終是探討的核心。在權力的問題下，「真實——現實」可以不為真，因為現實被賦予意義後可以被扭曲或被選取，從而成為我們所稱呼為「風向」的那種語言存在。

然而我們在學習過程中所接受的邏輯基本規則、理論推論方式均在引導我們發現到：自然世界的知識其實鑲嵌在自然世界之內。這意謂著在我們所看到的表象之下，存在一個普遍的基礎規律可被我們觀察與注意。這個觀點可以回應上述關於社會符號學對於「何為真」的觀點：此點仍然與回應所提之認知能力的論點有關。就Thomas Aquinas對世界與其背後基本原理這種精神的應用來說，此論點無疑是難以被肯定的，因為這種理解方式肯定的是變動的表象而非不變的本質。既然真實的世界由神所創造，且人們的直觀和思維能力都由神所賦予，那麼通過對外在世界的直接接觸，人們理當能夠獲得真實的知識。在此意義下，當我們說Thomas Aquinas認為教育的目的在於透過學習正確理解神所創造的世界，且在此一前提下增進智慧與道德，那麼對世界有系統的學習與實踐過程應該才是人在這個世界生活過程中合理的選擇。

---

[26]Robert Hodge & Gunther Kress著，《社會符號學》，周勁松、張碧譯，四川：四川教育出版社，頁149-153。另參黃鼎元，《圖解符號學》，臺北：五南圖書公司，2022年，頁178-179。

五、結論

　　在某次演講，S. H. Carpenter對多瑪斯教育概念提出概略的總結。她引用不同學者的理論說明，多瑪斯的主張包括哲學是可被理性的自然之光所證明──這個證明可透過Thomas Aquinas所使用的論證方式，即當問題提出後，首先列舉錯誤答案並加以反駁後，再給予與之相反的論證或他想證明的內容。這個方式可以幫助我們確定關於神、人與世界的關連性。這種方式與Aristotle哲學有關，即從經驗出發，透過語詞描述與定義對象的內容。這些內容被認為是關於世界的記號（sign）與象徵（symbols），老師可以做的便是透過這些以及對學生的鼓勵來引導（或指導）學習者。S. H. Carpenter引用Vivian Boland的研究指出：多瑪斯對於教育的概念因為這種實在論立場，以及當時因為與拉丁亞維埃斯主義的對抗，產生的不同的論點，包括主張真理乃心靈之善、教學與學習的集體意識性質、知道即為回憶（這種柏拉圖式對學習的理解）。[27]（Carpenter，2011）按照Boland的說法，多瑪斯的實在論立場能將人帶入生活與世界的真實之中，所以教學意味著讓想像力為理解服務（placing the imagination at the service of understanding）。（Boland，2008）Boland的理論讓我們注意到Thomas Aquinas實在論對教育的態度，也讓我們可以注意實在論教育哲學中那些被忽略的某些部分。[28]

參考文獻

Boland, V. "Truth, Knowledge and Communication: Thomas Aquinas on the Mystery of Teaching.", *Studies in Christian Ethics* 19-3 (2016): 287-304.

Dutta, S. "The Relevance of Realism in the Field of Education: A Philosophical Discourse",

---

[27] S. H. Carpenter, "The Influence of St. Thomas Aquinas on the Discipline of Education", National Conference of the Society of Catholic Social Scientisis Conference (2011).

[28] V. Boland, "Truth, Knowledge and Communication: Thomas Aquinas on the Mystery of Teaching.", Studies in Christian Ethics 19-3 (2016): 287-304.

Net of Adamas University (2020). From:

https://adamasuniversity.ac.in/the-relevance-of-realism-in-the-field-of-education-a-philo-
　　sophical-discourse/

Carpenter, S. H. "The Influence of St. Thomas Aquinas on the Discipline of Education",
　　National Conference of the Society of Catholic Social Scientisis Conference (2011).

Lyons, J. "Epistemological Problems of Perception", *Stanford Encyclopedia of Philosophy*
　　(2016).From: https://plato.stanford.edu/entries/perception-episprob/#DireReal.

McInerny, R. *The Question of Christian Ethics. Washington*, D.C.: The Catholic University
　　of America Press, 1990.

Miller, A. "Realism", *Stanford Encyclopedia of Philosophy* (2019). From: https://plato.stan-
　　ford.edu/entries/realism/.

Moore, R. & Young, M. "Knowledge and the Curriculum in the Sociology of Education:
　　Towards a reconceptualisation", *British Journal of Sociology of Education* 22 (2001):
　　445-461.

Nuroh, E. Z.; Kurnia, F. D.; Mustofa, A. "Realism Education Perspective", *Education
　　and Human Development Journal* 5-1 (2020): 43-52. From: https://www.academia.
　　edu/65903281/Realism_in_Education_Perspective?from_sitemaps=true&version=2.

Ozoliņš , J. T. "Aquinas, education and the theory of illumination", *Educational Philosophy
　　and Theory* 53 (2022): 967-971.

Smith, N. *Introduction to Philosophy.* Houston: Rice University, 2022.

張振東，《教育哲學的基本概念》，臺北：問學出版社，1982〔民71〕。

張芬芬，〈實在論〉，《國家教育研究院樂詞網》，2021年。網址：https://terms.
　　naer.edu.tw/detail/b030c5649ea74bc257156b5243212bc8/?startswith=zh

詹棟樑，《教育哲學》，臺北：五南圖書出版，1999〔民88〕。

彭孟堯，《教育哲學》，臺北：學富文化事業，2003年。

葉彥宏，《圖解教育哲學》，臺北：五南書局，2019。

葉學志，《教育哲學》，臺北：三民書局，1993。

黃鼎元，《知識論》，臺北：五南圖書出版，2019。

黃鼎元，《圖解知識論》，臺北：五南圖書出版，2021。

黃鼎元，《圖解符號學》，臺北：五南圖書公司，2022年。G. R. Knight著，簡成熙
　　譯，《哲學與教育：基督教觀點》，臺北：五南書局，2018。

R. Moore著，《教育社會學》，王瑞賢等譯，臺北：學富文化事業，2008年。

Robert Hodge & Gunther Kress著，《社會符號學》，周勁松、張碧譯，四川：四川
　　教育出版社。

國家圖書館出版品預行編目(CIP)資料

哲學實踐與生命顯揚／尤煌傑主編；尤淑如、
呂健吉、何佳瑞、周明泉、陳振崑、黃鼎
元、黎建球、潘小慧、劉秋固、鍾隆琛、蘇
嫈雰等編著.--初版.--臺北市：五南圖書出
版股份有限公司, 2023.06
面；　公分
ISBN 978-626-343-975-7(平裝)
1.哲學 2.文集
107　　　　　　　　　　　112004271

1XNM

哲學實踐與生命顯揚

主　　　編 ─ 尤煌傑

編　　著 ─ 尤淑如、呂健吉、何佳瑞、周明泉、陳振崑

黃鼎元、黎建球、潘小慧、劉秋固、鍾隆琛

蘇嫈雰（按姓氏筆劃順序）

發 行 人 ─ 楊榮川

總 經 理 ─ 楊士清

總 編 輯 ─ 楊秀麗

副總編輯 ─ 黃惠娟

責任編輯 ─ 陳巧慈

封面設計 ─ 姚孝慈

出 版 者 ─ 五南圖書出版股份有限公司

地　　　址：106台北市大安區和平東路二段339號4樓

電　　　話：(02)2705-5066　　傳　真：(02)2706-6100

網　　　址：https://www.wunan.com.tw

電子郵件：wunan@wunan.com.tw

劃撥帳號：01068953

戶　　　名：五南圖書出版股份有限公司

法律顧問　林勝安律師

出版日期　2023年6月初版一刷

定　　　價　新臺幣400元

經典永恆・名著常在

五十週年的獻禮──經典名著文庫

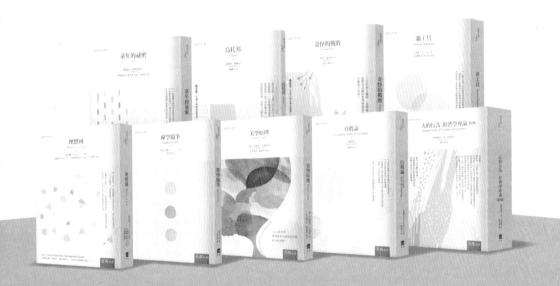

五南，五十年了，半個世紀，人生旅程的一大半，走過來了。

思索著，邁向百年的未來歷程，能為知識界、文化學術界作些什麼？

在速食文化的生態下，有什麼值得讓人雋永品味的？

歷代經典・當今名著，經過時間的洗禮，千錘百鍊，流傳至今，光芒耀人；

不僅使我們能領悟前人的智慧，同時也增深加廣我們思考的深度與視野。

我們決心投入巨資，有計畫的系統梳選，成立「經典名著文庫」，

希望收入古今中外思想性的、充滿睿智與獨見的經典、名著。

這是一項理想性的、永續性的巨大出版工程。

不在意讀者的眾寡，只考慮它的學術價值，力求完整展現先哲思想的軌跡；

為知識界開啟一片智慧之窗，營造一座百花綻放的世界文明公園，

任君遨遊、取菁吸蜜、嘉惠學子！